Pseudomonarchia
† Dæmonum †

Du même auteur chez Unicursal

SENKA — LA RÉINCARNATION ANIMALE : *Journal des communications spirites suite à une euthanasie*

CLEF DES 150 PSAUMES ET DES 72 GÉNIES DE LA CABALE

LES VRAIES CLAVICULES DU ROI SALOMON

GRIMOIRE DU PAPE HONORIUS

RECUEIL DE SECRETS MAGIQUES : *Tirés de Pierre d'Abano, de Corneille Agrippa et d'autres Célèbres Philosophes*

GRIMOIRE OU LA CABALE PAR ARMADEL

TRAITÉ DE LA CABALE MIXTE : *Qui comprend l'Art Angélique extrait des Docteurs Hébreux*

LA MAGIE SACRÉE D'ABRAMELIN

DRACONIA : *Les Enseignements Draconiques de la Véritable Magie des Dragons*

DRACONIA TOME 2 : *Le Code Draconique au Quotidien*

LA SCIENCE DES MAGES : *Traité Initiatique de Haute Magie*

MAGIE BLANCHE : *Formulaire Complet de Haute Sorcellerie*

SÉRIE LEMEGETON

ARS GOETIA — *Petite Clé du Roi Salomon* (LIVRE I)

ARS THEURGIA GOETIA (LIVRE II)

ARS PAULINA (LIVRE III)

ARS ALMADEL SALOMONIS (LIVRE IV)

ARS NOTORIA (LIVRE V)

LEMEGETON (LIVRES I-V)

Copyright © 2025 Marc-André Ricard

maricard.com

Éditions Unicursal Publishers

unicursal.ca

ISBN 978-2-89806-687-0 (PB)

ISBN 978-2-89806-688-7 (HC)

Première Édition, Imbolc 2025

Tous droits réservés pour tous les pays.

Pseudomonarchia †Dæmonum†

OU LA

Fausse Monarchie des Démons

*Étant une traduction fidèle en tout point
du texte latin de Johann Weyer de 1577.*

TRADUCTION & ÉDITION

PAR

M-A RICARD

UNICURSAL

INTRODUCTION.

PSEUDOMONARCHIA DÆMONUM se traduit textuellement par *Fausse Monarchie des Démons*. Ce catalogue d'Esprits, aussi succinct soit-il, a une grande valeur historique tant pour les occultistes que pour les magiciens salomoniques, parce qu'il est, sous toute apparence logique, l'un des précurseurs du genre goétique et antérieur à d'autres bestiaires infernaux connus, tels que le populaire *Ars Goetia* du *Lemegeton*.

La *Pseudomonarchia* apparaît pour la première fois en 1577, en guise d'annexe à la cinquième édition du traité *De Praestigiis Dæmonum*, l'œuvre monumentale de Johann Weyer (1515-1588). Weyer (Wier ou Wierus) était prolifique dans les domaines de la médecine et de la psychiatrie.

Son intérêt marqué pour la magie n'avait d'égal que son tuteur : le maintenant célèbre Heinrich Cornelius Agrippa, auteur de la remarquable *De Occulta Philosophia*, un classique qui n'a plus besoin de présentation.

Or, le *Præstigiis Dæmonum*, publié pour la première fois en 1563, était la réponse par laquelle Weyer réfutait le commerce avec le diable, en émettant l'avis que les sorcières et les causes alléguées de sorcellerie découlaient davantage des fantasmes ou délires des pseudos magiciens plutôt que de véritables pactes surnaturels avec les émissaires de l'Enfer ; démontrant par le fait même que les châtiments proposés par l'Église, bûcher ou potence, n'étaient nullement nécessaires. Le traité de Weyer se voulait donc un vif plaidoyer contre le *Malleus Maleficarum* (Marteau des Sorcières), un manuel d'inquisition qui avait pour but d'exposer les pratiques de sorcellerie au temps de la chasse aux sorcières. Ainsi, l'auteur n'a jamais eu l'intention de promouvoir les pratiques diaboliques, au contraire, sa motivation était de *"présenter à tous, les blasphèmes de ce genre d'hommes ensorcelés qui n'ont pas honte de s'appeler mages en cet âge infâme."*

À savoir comment un élève d'Agrippa —l'un des plus grands occultistes de tous les temps—

pouvait réellement discréditer les œuvres de sorcellerie me semble douteux, voire improbable. Cependant, il est évident qu'à cette époque, il valait mieux être prudent pour ne pas se faire emprisonner ou lyncher sous le coup de fausses accusations. Ceci doit forcément expliquer cela.

Quoi qu'il en soit, l'œuvre de Weyer se voyant bonifiée d'édition en édition, il y annexa, quatorze années après sa première parution, un petit traité de 13 pages : un catalogue comprenant les noms de 69 Esprits démoniaques, ainsi que leurs descriptions et diverses apparences, statuts hiérarchiques, fonctions et le moyen (incomplet) pour les évoquer sous apparence visible. Je dis incomplet, car hélas, Weyer le mentionne dès sa préface au lecteur : *"J'ai omis des passages de cette étude, afin de rendre tout l'ouvrage inutilisable."* Il s'assurait par la finesse de ce commentaire que son travail demeurerait à titre informationnel et non pratique... du moins en apparence.

Le texte de la *Pseudomonarchia Dæmonum* eut un impact si important qu'il fut traduit et publié quelques années plus tard dans l'ouvrage majeur *The Discoverie of Witchcraft*, en 1584, par le gentilhomme anglais Reginald Scot. D'un avis semblable à Weyer, il estimait irrationnel les persécutions menées par l'Église catholique. L'œuvre de

Scot est importante à noter, puisque les recherches démontrent que des textes de démonologie subséquents furent inspirés par sa version anglaise, même si ceux-ci ont colporté, du même fait, ses erreurs de traduction. Le point positif des fautes perpétrées dans les copies, les transcriptions et les traductions, s'il en est un, c'est que ces dernières nous permettent de retracer à travers les époques la provenance des copies manuscrites et estimer laquelle a pu, selon toute vraisemblance, engendrer les autres qui suivirent.

À cet effet, l'étudiant remarquera que le quatrième Esprit chez Weyer, *Pruflas*, pour une raison que l'on ignore encore à ce jour, a été omis dans la traduction de Scot. L'*Ars Goetia*, qui n'a vu le jour qu'au siècle suivant, ne mentionne pas non plus ce Démon. On peut donc soupçonner que la traduction anglaise ait déteint sur ce dernier texte. C'est ainsi que par de prudents rapprochements de la sorte, nous arrivons à déterminer, même sous forme hypothétique, la provenance de certains manuscrits.

Puisque la traduction de Scot eut un apport non négligeable dans la lignée des catalogues goétiques, je l'ai ajouté en appendice à la fin de ce livre, dans son vieil anglais d'origine, de même qu'avec ma propre traduction comparée en français. Le texte de la *Pseudomonarchia* se retrouve au Livre XV du *Discoverie of Witchcraft*, aux chapitres 2, 3 et 4. Jugeant qu'il pourrait être profitable au lecteur d'en connaître un peu plus sur les mœurs de l'époque et, compte tenu du lien apparent avec le traité qui nous intéresse, j'y ai ajouté les chapitres premier et cinquième dans leur intégralité. Le lecteur pourra ainsi mieux comprendre la réalité de l'époque et l'état d'esprit de Weyer et de Scot en prenant connaissance de ces suppléments.

▸ *Des catalogues diaboliques* ◂

Weyer indique au début de son traité que la source utilisée pour sa *Fausse Monarchie* est un texte nommé *Officium spirituum, vel, Liber officiorum spirituum, seu, Liber dictus Empto Salomonis, de principibus & regibus dæmoniorum* (Livre des Offices des Esprits, ou, le Livre appelé Empto Salomonis, concernant les princes et les rois des démons). Ce texte daterait du 15e ou du 16e siècle si nous nous fions, entre autres, à l'occultiste britannique Frederick Hockley qui le recopia de son vivant au 19e siècle. Ce dernier affirme que le texte, datant de 1583, proviendrait d'un fort curieux manuscrit traitant de Magie et de Nécromancie qu'il attribue à un certain John Porter. Que ce Porter en fût l'acquéreur et ensuite le traducteur ou simple copiste, Hockley n'en avait aucune certitude.

Il appert que le *Liber Officium Spirituum* est antérieur à la copie de Hockley, car il serait mentionné, avec une légère variation dans le nom (*De Officiis Spirituum*) dans le *Antipalus Maleficiorum*, œuvre de l'abbé allemand et érudit en magie, Johannes Trithemius (1462-1516) connu surtout pour être l'auteur du *Steganographia*.

Il existe un autre traité digne de mention et une introduction sur la *Fausse Monarchie*, aussi hâtive soit-elle, ne saurait être complète si je me devais de l'omettre : le *Livre des Esperitz*. Il s'agirait du plus ancien manuscrit de démonologie en langue française encore existant, catalogué sous la notice Ms. O.8.29. Il est conservé au Trinity College de Cambridge au Royaume-Uni. Ce texte date approximativement de la fin du 15ᵉ ou peut-être du début du 16ᵉ siècle. Comportant une liste de 46 Esprits démoniaques, il partage partiellement les mêmes Démons que Weyer, mais avec des variations dans les descriptions, le nombre de légions attribuées, de même que pour leurs noms ; notamment : *Beal/Bael, Agarat/Agares, Vipos/Ipos, Bugan/Zagan,* etc.

Par ailleurs, là où la *Pseudomonarchia* semble abrégée, le *Livre des Esperitz* se poursuit avec plusieurs conjurations en latin par lesquelles il est possible de contraindre les Esprits à obéissance. Ces conjurations proviendraient du *Liber consecrationum,* un texte datant du 15ᵉ siècle. Il est impossible de savoir si le copiste anonyme a ajouté ces conjurations de son propre chef ou si elles faisaient également partie de l'œuvre initiale de Weyer, lequel les aurait omises de son plein gré pour rendre son traité inutilisable.

Malgré les ressemblances, tout ceci nous amène à conclure que le *Livre des Esperitz* n'aurait pas été copié sur la *Pseudomonarchia,* et qu'il s'agit bel et bien d'un texte distinct, traitant du même sujet. C'est pour cette raison que je l'ai également ajouté en complément à la fin de ce livre. L'érudit en Magie ne manquera donc pas d'en faire l'étude.

À ce jour, sans trop risquer de nous tromper, nous pouvons déterminer qu'il existe au moins trois textes principaux (et une traduction) qui pourraient potentiellement revendiquer la paternité sur les autres manuscrits du même genre, tel que démontré par le diagramme suivant :

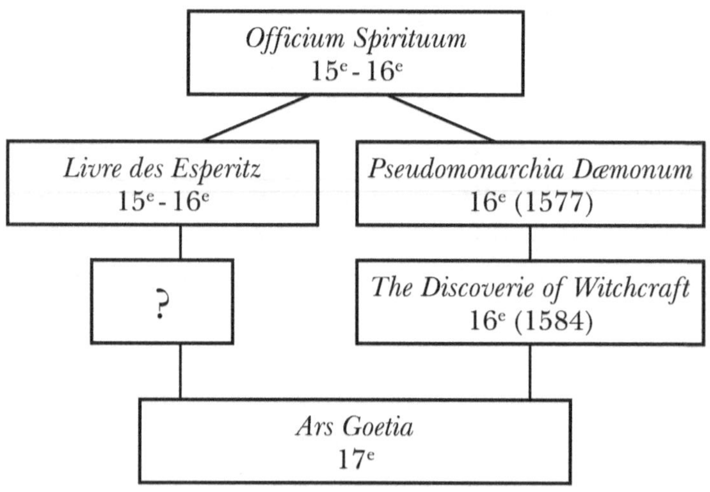

Chronologie des catalogues diaboliques

Il existe certainement d'autres liens possibles et bon nombre de comparaisons laissées de côté, notamment l'ordre dans lequel sont énumérés les Esprits qui diffère dans chacun des manuscrits ; pourquoi ils partagent une base similaire, mais que certains Démons manquent chez l'un ou l'autre et que d'autres Esprits ont été ajoutés ; d'où proviennent-ils ; les textes ont-ils été colligés pour en former un plus grand recueil, etc. Ce sont toutes des interrogations légitimes qui, une fois répondues, nous permettraient de nous rapprocher davantage de la genèse des catalogues démoniaques.

C'est ici maintenant que je passe le flambeau. Approfondir ne serait-ce qu'un tant soit peu ces explications alourdirait mon propos et le but de cette introduction. Certains praticiens goétiques ne se préoccupent guère de la provenance des textes qu'ils utilisent alors que d'autres, au contraire, y voient une nécessité d'exactitude. À chacun son chemin...

▸ *De la traduction* ◂

Puisque le praticien risque d'utiliser ce livre pour ses travaux en Magie Goétique, ce dernier appréciera connaître brièvement comment il a été réalisé. Cette traduction française a été faite en deux temps. Au début du projet, je croyais alléger ma charge de travail en me basant sur la version anglaise de 1584, telle qu'elle figure dans *The Discoverie of Witchcraft*. Étant un texte jugé principal dans l'historique de la *Pseudomonarchia*, ce choix semblait naturel. Ce faisant, j'en suis venu à relever certaines incohérences lorsque je comparais le résultat avec la version en latin. Par réflexe, j'ai commencé à noter ces variations pour permettre éventuellement au lecteur de les comparer en notes de bas de page. Non que la traduction de Scot m'ait paru mauvaise en soi, disons plutôt qu'elle comportait quelques erreurs ainsi que de nombreux ajouts mineurs qui, franchement, m'agaçaient. Pour l'œil non attentif d'un curieux, ce dernier n'y verrait que du feu. Cependant, pour l'occultiste qui utilise, étudie et compare les grimoires médiévaux avec sérieux, chaque mot a une importance capitale, car les termes employés peuvent être étudiés, interprétés dans le temps et, ultimement, comparés avec d'autres manuscrits. Traduire un grimoire est une tâche singulière qui n'est pas comparable à traduire un roman, par exemple. C'est pourquoi il est impératif de s'en tenir au texte, à l'étymologie des mots, et de ne pas sortir du sentier déjà tracé —même si cela a du sens, même si le texte s'en retrouve amélioré— surtout pour un domaine aussi particulier que la Magie et la Démonologie.

À titre d'exemple, dès les premières lignes, nous pouvons constater pour l'Esprit *Bael*, de qui il est dit en latin : *Primus Rex, qui est de potestate Orientis, dicitur Bael.* Ce qui se traduit par : *Le premier Roi, qui est de la puissance de l'Est, se nomme Bael.* Nous retrouvons cependant en anglais : *Their first and principall king (which is of the power of the east) is called Baell.* Probablement que dans l'esprit de Scot ajouter que *Bael* est le « principal » roi semblait approprié dans le contexte, certes, cependant, cela n'est aucunement mentionné dans le texte de Weyer et par conséquent, cet ajout ne devrait aucunement y figurer.

Plus loin, pour *Focalor*, Scot indique qu'il possède seulement 3 légions (*he hath three legions*), tandis que Weyer en accorde 30 (*Triginta legionibus imperat*). On constatera que dans le *Lemegeton*, l'*Ars Goetia* en mentionne également trois ; une piste possible de la descendance de ce texte.

Ailleurs, dans le cas de *Valac*, il est dit en anglais qu'il règne sur trente légions de démons (*and hath dominion over thirtie legions of divels*) alors que le texte de Weyer indique tout simplement *Dominium habet legionum triginta,* soit : *Il commande trente légions.* Il n'est pas de mon intention d'être pointilleux, je préfère dire soucieux du détail, mais même si la traduction conserve tout le sens de l'original latin, si le texte ne mentionne pas « de démons », ce qui d'ailleurs, est un terme rarement utilisé par Weyer, Scot lui, à l'opposé, l'utilise abondamment, à plus de seize reprises.

Ainsi, lorsque j'eus terminé ma traduction de l'anglais, je repris tout mon travail en m'attaquant directement au texte latin, ce que j'aurais dû faire dès le départ. La base étant déjà faite, il devenait facile de corriger le texte fidèlement selon la version de Weyer. Cela m'aura pris assurément le double du temps pour obtenir ma traduction finale, mais le résultat est extrêmement satisfaisant. J'espère que le lecteur partagera cet avis. Conséquemment, j'ai supprimé à peu près toutes les annotations soulignant les différences avec le *Discoverie of Witchcraft* puisqu'elles devenaient, par le fait même, futiles.

✝

Parvenu à la fin de mon court exposé, je laisse maintenant le soin au lecteur de poursuivre ses recherches en solitaire, s'il lui plaît, afin de remonter et explorer la piste du *Pseudomonarchia Dæmonum* et de ses contemporains. Puisse-t-il en découvrir davantage sur ces anciens manuscrits, leurs origines obscures, et les corrélations entre les Esprits de jadis qui continuent de peupler les grimoires d'aujourd'hui.

M-A Ricard ~555

Imbolc[+13], 2025.

Pseudomonarchia
† Dæmonum †

O curas hominum, ô quantum est in rebus inane?

(O frivoles soucis des hommes! dans toute la vie quel néant!)

LECTORIS.

E *Sathanicæ factionis monopolium usqueadeò porrò delitescat, hanc Dæmonum Pseudomonarchiam ex Acharonticorum Vasallorum archivo subtractam, in huius Operis de Dæmonum præstigiis calce annectere volui, ut effascinatorum id genus hominum, qui se magos iactitare non erubescunt, curiositas, præstigiæ, vanitas, dolus, imposturæ, deliria, mens elusa, & manifesta mendacia, quinimò non ferendæ blasphemiæ, omnium mortalium, qui in mediæ lucis splendore hallucinari nolint, oculis clarissimè appareant, hoc potissimùm seculo scelestissimo, quo Christi regnum tam enormi impunitaque tyrannide impetitur ab ijs qui Beliali palàm sacramentum præstitêre, stipendium etiam iustum haud dubiè recepturi: quibus & perditas has horas libenter dedico, si fortè ex immensa Dei misericordia convertantur & vivant: quod ex animo ijs precor, sitque felix & faustum. Ne autem curiosulus aliquis, fascino nimis detentus, hoc stultitiæ argumentum temerè imitari audeat, voces hinc inde prætermisi studio, ut universa delinquendi occasio præcideretur. Inscribitur verò à maleferiato hoc*

AU LECTEUR.

E peur que le monopole de la faction satanique ne reste caché, j'ai souhaité annexer à la fin de ce livre *Sur les Illusions des Démons* cette *Fausse Monarchie des démons*, tirée des archives des vassaux de l'Achéron. Mon intention n'est pas de présenter à tous, les blasphèmes de ce genre d'hommes ensorcelés qui n'ont pas honte de s'appeler mages, leurs curiosités, leurs tromperies, leur vanité, leurs ruses, leurs impostures, leurs délires, leur esprit trompeur et leurs mensonges évidents, mais plutôt qu'ils ne veuillent pas, lorsqu'ils peuvent être vus à la lumière du jour, laisser leur esprit se déchaîner en cet âge infâme, où le royaume du Christ est tellement attaqué par l'immense et impunie tyrannie de ceux qui accomplissent ouvertement les sacrements de Belial, qui recevront sans doute bientôt leur juste récompense. À qui je dédie volontiers ces heures perdues, si peut-être par l'incommensurable miséricorde de Dieu, ils pouvaient se retourner et vivre : Je les en supplie de

hominum genere, Officium spirituum, vel, Liber offi-
ciorum spirituum, seu, Liber dictus Empto Salomonis,
de principibus & regibus dæmoniorum, qui cogi pos-
sunt divina virtute & humana. At mihi nuncupabitur
Pseudomonarchia Dæmonum.

toute mon âme, afin qu'ils soient bien et heureux. Mais de peur que quiconque légèrement curieux n'ose imiter imprudemment cette preuve de folie ; j'ai omis des passages de cette étude, afin de rendre tout l'ouvrage inutilisable. En vérité, cela est intitulé par une personne instable, *Officium spirituum*, ou *Le Livre des Offices des Esprits*, ou, le *Livre appelé Empto. Salomonis, concernant les princes et les rois des démons*, qui peuvent être contraints par les vertus divines et humaines. Je le nomme mon *Pseudomonarchia Daemonum*.

✝ Pseudo ✝ monarchia Dæmonum

Bael primus rex.

 RIMUS REX, *qui est de potestate Orientis, dicitur Bael, apparens tribus capitibus, quorum unum assimilatur bufoni, alterum homini, tertium feli. Rauca loquitur voce, formator morum & insignis certator, reddit hominem invisibilem & sapientem. Huic obediunt sexagintasex legiones.*

 E PREMIER ROI, qui est de la puissance de l'Est, se nomme *Bael* ; qui, lorsqu'il est évoqué, apparaît avec trois têtes : la première, comme un crapaud ; la seconde, comme un homme ; la troisième, comme un chat. Il parle d'une voix rauque. Façonneur de manières et débatteurs distingués, il rend l'homme invisible et sage. Il a sous son obéissance soixante-six légions.

Agares dux primus.

Agares Dux primus sub potestate Orientis, apparet benevolus in senioris hominis forma, equitans in crocodilo, & in manu accipitrem portans. Cuncta linguarum genera docet optimè: fugitantes reverti facit, & permanentes fugere: prælaturas & dignitates dimittit, & tripudiare facit spiritus terræ: & est de ordine Virtutum, sub sua potestate habens triginta & unam legiones.

AGARES, le premier Duc sous la puissance de l'Est, apparaît bienveillant sous la forme d'un vieil homme, chevauchant un crocodile, et portant un faucon sur son poing. Il enseigne très bien toutes sortes de langues, il fait revenir tous les fugitifs, et fait courir ceux qui sont immobiles. Il destitue les prélatures et les dignités, et fait danser les Esprits de la Terre[1]. Il est de l'ordre des Vertus, ayant sous son régiment trente-et-une légions.

---

1 *Ars Goetia* : *Et provoque des tremblements de terre.*

Marbas, alias Barbas.

Marbas, alias Barbas, Præses magnus, se manifes-tans in fortissimi leonis specie, sed ab exorcista accitus humana induitur forma, & de occultis plenè respondet, morbos invehit & tollit, promovet sapientiam artiumque mechanicarum cognitionem, homines adhæc in aliam mutat formā. Præest trigintasex legionibus.

MARBAS, *alias Barbas,* est un grand Président, se manifestant sous la forme d'un puissant lion ; mais au commandement de l'exorciste, il prend une forme humaine et répond pleinement sur toutes choses cachées ou secrètes. Il apporte des maladies, et les guérit ; il favorise la sagesse et la connaissance des arts mécaniques ou manuels ; il transforme les hommes en d'autres formes. Il préside trente-six légions.

Pruflas, alibi invenitur Busas. [2]

Pruflas, alibi invenitur Busas, magnus Princeps & Dux est, cujus mansio circa turrim Babilonis, & videtur in eo flamma foris, caput autem assimilatur magno nycticoraci. Autor est & promotor discordiarum, bellorum, rixarum & mendaciorum. Omnibus in locis non intromittatur. Ad quæsita respondet abundè. Subsunt huic legiones vingintisex, partim ex ordine Throni, partim Angelorum.

PRUFLAS, autrement connu comme *Bufas*, est un grand Prince et un Duc, dont la demeure est autour de la Tour de Babylone. Et là, il est perçu comme une flamme à l'extérieur, mais sa tête ressemble à un grand héron de nuit[3]. Il est l'auteur et le promoteur de la discorde, de la guerre, des querelles et du mensonge. Il ne peut pas être admis dans tous les lieux. Il répond généreusement aux requêtes. Sous son pouvoir se trouvent vingt-six légions, en partie de l'ordre des Trônes, et partiellement des Anges.

---

2   *Pruflas* (parfois *Pruslas*) ne figure pas dans Scot ni *Ars Goetia*.
3   Nycticorax.

Amon vel Aamon.

Amon vel Aamon Marchio magnus & potens, prodit in lupi forma caudam habens serpentinam, & flammam evomens. Hominis autem indutus speciem, caninos ostentat dentes, & caput magno nycticoraci simile. Princeps omnium fortissimus est, intelligens præterita & futura, hinc & gratiam concilians omnium amicorum & inimicorum. Quadraginta imperat legionibus.

AMON ou *Aamon*, est un grand et puissant Marquis, apparaissant sous la forme d'un loup, ayant une queue de serpent et crachant des flammes. Lorsqu'il prend la forme d'un homme, il exhibe des dents de chien et une grande tête semblable à un puissant corbeau. Il est le Prince le plus puissant de tous, et connaît toutes choses passées et à venir. Il procure les faveurs, et réconcilie à la fois les amitiés et les ennemis. Il commande quarante légions.

Barbatos magnus comes & dux.

Barbatos magnus Comes & Dux, apparet in signo Sagittarii silvestris cum quatuor regibus tubas ferentibus. Intelligit cantus avium, canum latratus, mugitus boum & cunctorum animalium : thesauros item à magis & incantatoribus reconditos, detegit : & est ex ordine Virtutum, partim Dominationum. Triginta præsidet legionibus. Novit præterita & futura : tam amicorum quàm inimicorum animos conciliat.

BARBATOS, est un grand Comte et un Duc. Il apparaît sous l'image d'un archer des forêts[4], avec quatre Rois, accompagnés de compagnons et de grandes troupes. Il comprend le chant des oiseaux, les aboiements des chiens, les meuglements des taureaux et la voix de tous les animaux. Il découvre aussi les trésors cachés par les magiciens et les enchanteurs, et il est de l'ordre des Vertus, et en partie des Dominations. Il préside plus de trente légions. Il connaît le passé et l'avenir ; il gagne le cœur des amitiés et des ennemis.

---

4 En latin dans Scot : *Signo sagittarii sylvestris.*

Buer præses magnus.

*Buer Præses magnus conspicitur in signo *. Absolutè docet philosophiam, practicam, ethica item & logica, & herbarum vires: dat optimos familiares: ægros sanitati restituere novit, maximè & homines. Quinquaginta legionum habet imperium.*

BUER est un grand Président, et est perçu dans ce signe ☆. Il enseigne absolument la philosophie morale et naturelle, et aussi la logique, ainsi que la vertu des herbes. Il donne les meilleurs familiers; il sait redonner la santé aux malades, spécialement celles des hommes. Il a le commandement de cinquante légions.

Gusoyn dux magnus.

Gusoyn Dux magnus & fortis, apparet in forma zenophali. Explicatè respondet & verè de præsentibus, præteritis, futuris & occultis. Amicoram & inimicorum gratiam reddit: dignitates confert & honores conformat. Præest quadragintaquinque legionibus.

GUSOIN est un grand et puissant Duc, apparaissant sous la forme d'un *Xenophilus*[5]. Il répond clairement et honnêtement sur les choses présentes, passées, à venir et cachées. Il rend la faveur des amis et des ennemis, il confère les dignités et confirme les honneurs. Il préside quarante-cinq légions.

---

5   Aucun auteur ne semble posséder la véritable signification de *Xenophilus* (ou Xenophile?). Puisque certains Esprits se présentent sous la forme d'une étoile, comme *Buer*, lequel est souvent décrit comme ayant un visage central et de nombreux appendices tout autour, il m'apparaît logique de déduire qu'il s'agit de la forme d'un *Dictyaster xenophilus*, une sorte d'étoile de mer de la famille des Echinasteridae.

Botis, alibi Otis.

Botis, alibi Otis, magnus Præses & Comes: Prodit in viperæ specie deterrima: & siquando formam induit humanam, dentes ostendit magnos & cornua duo, manu gladium acutum portans. Dat perfectè responsa vera de præsentius, præteritis, futuris & abstrusis. Tam amicos quàm hostes conciliat. Sexaginta imperat legionibus.

BOTIS, autrement *Otis*, est un grand Président et un Comte. Il se présente sous la forme hideuse d'une vipère ; et lorsqu'il prend une forme humaine, il exhibe de grandes dents et deux cornes, portant une épée tranchante à la main. Il donne des réponses parfaitement vraies sur le présent, le passé, le futur et les choses cachées. Il réconcilie les amitiés et les ennemis. Il commande soixante légions.

Bathym, alibi Marthim.

Bathym, alibi Marthim Dux magnus & fortis : visitur constitutione viri fortissimi cum cauda serpentina, equo pallido insidens. Virtutes herbarum & lapidum pretiosorum intelligit. Cursu velocissimo hominem de regione in regionem transfert. Huic triginta subsunt legiones.

BATHIN, parfois appelé *Mathim*, est un grand et puissant Duc. Il est perçu sous la forme d'un homme très fort, avec une queue de serpent, monté sur un cheval pâle. Il connaît les vertus des herbes et des pierres précieuses ; il déplace soudainement les hommes de pays en pays. Il a sous son contrôle trente légions.

Pursan, aliàs Curson.

Pursan, aliàs Curson, magnus Rex, prodit ut homo facie leonina, viperam portans ferocissimam, ursoque insidens, quem semper præcedunt tubæ. Callet præsentia, præterita & futura : aperit occulta, thesauros detegit : corpus humanum suscipit & aëreum. Verè respondet de rebus terrenis & occultis, de divinitate & mundi creatione : familiares parit optimos : cui parent vigintiduo legiones, partim de ordine Virtutum, partim ex ordine Throni.

PURSON, *alias Curson*, est un grand Roi. Il apparaît comme un homme avec un visage de lion, tenant une vipère des plus féroces et chevauchant un ours ; il est toujours précédé de trompettes. Il dévoile toutes choses présentes, passées et à venir. Il découvre les trésors, il peut autant prendre un corps humain qu'aérien ; il répond véritablement de toutes les choses terrestres et secrètes, de la divinité et de la création du monde. Il donne les meilleurs familiers. Il se fait obéir par vingt-deux légions, en partie de l'ordre des Vertus, et partiellement de l'ordre des Trônes.

Eligor, aliàs Abigor.

Eligor, aliàs Abigor, Dux magnus, apparet ut miles pulcherrimus, lanceam, vexillum & sceptrum portans. Plenè de occultis respondet atque bellis, & quomodo milites occurrere debeant: futura scit, & gratiam apud omnes dominos & milites conciliat. Præsidet sexaginta legionibus.

ELIGOR, *alias Abigor*, est un grand Duc, et apparaît comme un beau chevalier, portant une lance, un étendard et un sceptre. Il répond en détail sur les choses secrètes, et les guerres, et sur la manière dont les soldats doivent se rencontrer. Il connaît les choses à venir et procure la faveur de tous les seigneurs et chevaliers. Il gouverne soixante légions.

Loray, aliàs Oray.

Loray, aliàs Oray, magnus Marchio, se ostendens in forma sagittarii pulcherrimi, pharetram & arcum gestantis : author existit omnium præliorum, & vulnera putrefacit quæ à sagittariis infliguntur, quos objicit optimos tribus diebus. Triginta dominatur legionibus.

LORAIE[6], *alias Oray*, est un grand Marquis, se montrant à l'image d'un très bel archer, portant un arc et un carquois. Il est l'auteur de toutes les batailles, et fait pourrir les blessures qui sont infligées par les flèches des archers, qu'il attaque pendant trois jours[7]. Il gouverne trente légions.

6　Ou *Leraie*, *Leraje* ou *Loraje*.
7　En latin dans Scot : *Quos optimos objicit tribus diebus.*

Valefar, aliàs Malaphar.

Valefar, aliàs Malaphar, Dux est fortis, forma leonis prodiens & capite latronis. Familiaritatem parit suis, donec laqueo suspendantur. Decem præsidet legionibus.

VALEFAR, *alias Malephar*, est un puissant Duc, apparaissant sous la forme d'un lion avec la tête d'un voleur. Il est très familier avec ceux à qui il se fait connaître, jusqu'à ce qu'il les ait menés à la potence. Il préside dix légions.

Morax, aliàs Foraij.

Morax, aliàs Foraij, magnus Comes & Præses : similis tauro visitur : Et si quando humanam faciem assumit, admirabilem in Astronomia & in omnibus artibus liberalibus reddit hominem : parit etiam famulos non malos & sapientes : novit & herbarum & pretiosorum lapidum potentiam. Imperat triginta sex legionibus.

MORAX, *alias Foraii*, un grand Comte et un Président. Il est perçu comme un taureau et, s'il prend un visage humain, il rend l'homme merveilleusement savant en astronomie et dans toutes les sciences libérales. Il procure de bons et sages familiers, il connaît le pouvoir et la vertu des herbes et des pierres précieuses. Il commande trente-six légions.

Ipes, aliàs Ayperos.

Ipes, aliàs Ayperos, est magnus Comes & Princeps, apparens quidem specie angelica, interim leone obscurior & turpis, capite leonis, pedibus anserinis, cauda leporina. Præterita & futura novit : redditque hominem ingeniosum & audacem. Legiones huic obediunt trigintasex.

I POS, *alias Ayporos*, est un grand Comte et un Prince, apparaissant sous la forme d'un Ange, et de plus, il est vrai, plus obscur et vil qu'un lion, avec une tête de lion, des pattes d'oie et une queue de lièvre. Il connaît le passé et l'avenir, et il rend l'homme ingénieux et audacieux. Trente-six légions lui obéissent.

Naberus, aliàs Cerberus.

Naberus, aliàs Cerberus, Marchio est fortis, forma corvi se ostentans : si quando loquitur, raucam edit vocem. Reddit & hominem amabilem & artium intelligentem, cum primis in Rhetoricis eximium. Prælaturarum & dignitatum iacturam parit. Novendecim legiones hunc audiunt.

NABERIUS, *alias Cerberus,* est un fort Marquis, apparaissant sous la forme d'un corbeau. Lorsqu'il parle, il le fait d'une voix rauque. Il rend l'homme aimable et savant dans tous les arts, et spécifiquement en rhétorique. Il entraîne la perte des prélatures et des dignités. Dix-neuf légions sont à son écoute.

Glasya labolas, aliàs Caacrinolaas.

Glasya labolas, aliàs Caacrinolaas vel Caassimolar magnus Præses: qui progreditur ut canis habens alas gryphi. Artium cognitionem dat, interim dux omnium homicidarum. Præsentia & futura intelligit. Tam amicorum quàm inimicorum animos demeretur: & hominem reddit invisibilem. Imperium habet triginta sex legionum.

GLASYA LABOLAS, *alias Caacrinolaas*, ou *Caassimolar*, est un grand Président, qui se présente comme un chien avec les ailes d'un griffon. Il octroie la connaissance des arts, et est le chef de tous les homicides. Il comprend les choses présentes et à venir, et réconcilie les amitiés et les ennemis, et rend l'homme invisible. Il gouverne trente-six légions.

Zepar dux magnus.

Zepar Dux magnus, apparens uti miles, inflammansque virorum amore mulieres, & quando ipsi iussum fuerit, earum formam in aliam transmutat, donec dilectis suis fruantur. Steriles quoque eas facit. Vigintisex huic parent legiones.

ZEPAR est un grand Duc, apparaissant comme un soldat, et enflamme les femmes de l'amour des hommes ; et lorsqu'on le commande, il change leur forme en une autre, jusqu'à ce qu'elles jouissent de leurs bien-aimés. Il les rend également stériles. Vingt-six légions sont sous son commandement.

Byleth rex magnus.

Byleth Rex magnus & terribilis, in equo pallido equitans, quem præcedunt tubæ, symphoniæ, & cuncta Musicæ genera. Quum autem coram exorcista se ostentat, turgidus ira & furore videtur, ut decipiat. Exorcista verò tum sibi prudenter caveat: atque ut fastum ei adimat, in manu suscipiat baculum corili, cum quo orientem & meridiem versus, foris iuxta circulum manum extendet, facietque triangulum. Cæterum si manum non extendit, & intrare iubet, atque spirituum Vinculum ille renuerit, ad lectionem progrediatur exorcista: mox ingredietur item submissus, ibi stando & faciendo quodcunque iusserit exorcista ipsi Byleth regi, eritque securus. Si verò contumacior fuerit, nec primo iussu circulum ingredi voluerit, reddetur fortè timidior exorcista: vel si Vinculum spirituum minus habuerit, sciet haud dubiè exorcista, malignos spiritus postea eum non verituros, at semper viliorem habituros. Item si ineptior sit locus triangulo deducendo iuxta circulum, tunc vas vino plenum ponatur: & intelliget exorcista certissimè, quum è domo sua egressus fuerit cum sociis suis, prædictum Byleth sibi fautorem fore, benevolum, & coram ipso submissum quando progredietur. Venientem verò exorcista benignè suscipiat, & de ipsius fastu glorietur: propterea quoque eundem adorabit, quemadmodum alij reges, quia nihil dicit absque aliis principibus. Item si hic Byleth accitus fuerit ab aliquo exorcista, semper tenendus ad exorcistæ faciem annulus argenteus medij digiti manus sinistræ, quemadmodum pro Amaymone. Nec est prætermittenda dominatio & potestas tanti principis, quoniam nullus est sub potestate & dominatione exorcistæ alius, qui viros & mulieres in delirio detinet, donec exorcistæ voluntatem explerint: Et fuit ex ordine Potestatum, sperans se ad septimum Thronum rediturum, quod minus credibile. Imperat octogintaquinque legionibus.

BILETH est un grand et terrible Roi, monté sur un cheval pâle, devant qui retentissent des trompettes, des symphonies et toutes sortes de musiques mélodieuses. Mais lorsqu'il se montre devant l'exorciste, il semble tumultueux de colère et de fureur, pour le tromper. Ensuite, que l'exorciste prenne garde, et afin de lui ôter son orgueil, qu'il tienne dans sa main une baguette de noisetier avec laquelle il doit tendre la main vers l'Est et le Sud, et tracer un triangle hors du cercle. Mais s'il ne lui tend pas la main, et qu'il ne lui ordonne pas d'entrer, et qu'il refuse toujours la contrainte ou la chaîne d'Esprits, que l'exorciste procède à la lecture, et, bientôt, il se soumettra et entrera, et fera tout ce que l'exorciste lui commandera, et il sera en sécurité. Si le Roi *Bileth* se montre obstiné, et refuse de pénétrer dans le cercle au premier appel, et que l'exorciste se montre craintif, ou s'il ne possède la chaîne d'Esprits, certainement il ne le craindra ni ne le considérera jamais après. De même, si l'endroit n'est pas approprié pour qu'un triangle soit tracé devant un cercle, alors qu'on y place un vase de vin, et l'exorciste saura certainement lorsqu'il sortira de sa demeure, avec ses compagnons, et que ledit *Bileth* sera son assistant, bienveillant, et lui sera obéissant lorsqu'il apparaîtra. Et quand il se présentera, que l'exorciste l'accueille courtoisement et le glorifie dans son orgueil, et, par conséquent, il l'adorera comme le font les autres Rois, car il ne dit rien sans autres Princes. De plus, s'il est évoqué par un exorciste, un anneau en argent au majeur de la main gauche doit toujours être tenu contre le visage de l'exorciste, comme cela est fait pour *Amaymon*. Et l'autorité et la puissance d'un si grand Prince ne doivent pas être négligées ; car il n'y a personne d'autre sous le pouvoir et la domination de l'exorciste qui maintienne les hommes et les femmes dans un état de délire jusqu'à ce qu'ils accomplissent la volonté de l'exorciste. Et il est de l'ordre des Puissances, espérant revenir sur le Septième Trône, ce qui est moins crédible. Il commande quatre-vingt-cinq légions.

Sytry, aliàs Bitru.

Sytry, aliàs Bitru, magnus Princeps, leopardi facie apparens, habensque alas velut gryphi. Quando autem humanam assumit formam, mirè pulcher videtur. Incendit virum mulieris amore, mulierem vicissim alterius desiderio incitat. Iussus secreta libenter detegit feminarum, eas ridens ludificansque, ut se luxuriose nudent. Huic sexaginta legiones obsequuntur.

SITRI, *alias Bitru*, est un grand Prince, apparaissant avec le visage d'un léopard, et ayant des ailes comme un griffon. Lorsqu'il adopte une forme humaine, il est merveilleusement beau. Il enflamme l'homme avec l'amour d'une femme, et incite également les femmes à aimer les hommes. Étant commandé, il révèle volontiers les secrets des femmes, en riant et en se moquant d'elles, alors qu'elles s'exposent avec convoitise. Soixante légions lui obéissent.

Paymon.

Paymon obedit magis Lucifero quam alij reges. Lucifer hic intelligendus, qui in profunditate scientiæ suæ demersus, Deo assimilari voluit, & ob hanc arrogantiam in exitium proiectus est. De quo dictum est: Omnis lapis pretiosus operimentum tuum. Paymon autem cogitur virtute divina, ut se sistat coram exorcista: ubi hominis induit simulachrum, insidens dromedario, coronaque insignitus lucidissima, & vultu fœmineo. Hunc præcedit exercitus cum tubis & cimbalis bene sonantibus, atque omnibus instrumentis Musicis, primo cum ingenti clamore & rugitu apparens, sicut in Empto. Salomonis, et arte declaratur. Et si Paymon hic quandoque loquitur, ut minus ab exorcista intelligatur, propterea is non tepescat: sed ubi porrexerit illi primam chartam ut voto suo obsequatur, iubebit quoque ut distinctè & apertè respondeat ad quæsita, & de universa philosophia & prudentia vel scientia, & de cæteris arcanis. Et si voles cognoscere dispositionem mundi, & qualis sit terra, aut quid eam sustineat in aqua, aut aliquid aliud, & quid sit abyssus, & ubi est ventus & unde veniat, abundè te docebit. Accedant & consecrationes tam de libationibus quam alijs. Confert hic dignitates & confirmationes. Resistentes sibi suo vinculo deprimit, & exorcistæ subijcit. Bonos comparat famulos, & artium omnium intellectum.

Notandum, quòd in advocando hunc Paymonem, Aquilonem versus exorcistam conspicere oporteat, quæ ibi huius sit hospitium. Accitum verò intrepidè constanterque suscipiat, interroget, & ab eo petat quicquid voluerit, nec dubiè impetrabit. At ne creatorem oblivioni tradat, cavendum exorcistæ, propter ea quæ præmissa fuerunt de Paymone. Sunt qui dicant, eum ex ordine Dominationum fuisse: sed alijs placet, ex ordine Cherubin. Hunc sequuntur legiones ducentæ, partim ex ordine Angelorum, partim Potestatum. Notandum adhæc, si Paymon solus fuerit citatus per aliquam libationem aut sacrificium, duo reges magni comitantur, scilicet Bebal & Abalam, & alij potentes. In huius exercitu sunt vigintiquinque legiones: quia spiritus his subiecti, non semper ipsis adsunt, nisi ut appareant, divina virtute compellantur.

Regem Belial aliqui dicunt statim post Luciferum fuisse creatum, ideoque sentiunt ipsum esse patrem & seductorem eorum qui ex Ordine ceciderunt. Cecidit enim prius inter alios digniores & sapientiores, qui præcedebant Michaelem & alios cœlestes angelos, qui deerant. Quamvis autem Belial ipsos qui in terram deiecti fuerint, præcesserit: alios tamen qui in cœlo mansere, non antecessit. Cogitur hic divina virtute, cum accipit sacrificia, munera & holocausta, ut vicissim det immolantibus responsa vera: at per horam in veritate non perdurat, nisi potentia divina compellatur, ut dictum est.

Angelicam assumit imagine in impensè pulchram, in igneo curru sedens. Blandè loquitur. Tribuit dignitates & prælaturas senatorias, gratiam item amicorum, & optimos famulos. Imperium habet octoginta legionum, ex ordine partim Virtutum, partim Angelorum. Forma exorcistæ invenitur in Vinculo Spirituum.

Observandum exorcistæ, hunc Belial in omnibus succurrere suis subditis: si autem se submittere noluerit, Vinculum Spirituum legatur, quò sapientissimus Salomon eos cum suis legionibus in vase vitreo relegavit: & relegati cum omnibus legionibus fuere septuagintaduo reges, quorum primus erat Bileth, secundus Belial, deinde Asmoday, & circiter mille millia legionum. Illud proculdubio à magistro Salomone didicisse me fateor: sed causam relegationis me non docuit, crediderim tamen propter arrogantiam ipsius Belial. Sunt quidam necromantici, qui asserunt, ipsum Salomonem quodam die astutia cuiusdam mulieris seductum, orando se inclinasse versus simulacrum Belial nomine quod tamen fidem non meretur: sed potius sentiendum, ut dictum est, propter superbiam & arrogantiam relegatos esse in magno vase, proiectos in Babilone in puteum grandem valde. Enimverò prudentissimus Salomon divina potentia suas exequebatur operationes, quæ etiam nunquam eum destituit: propterea simulachrum non adorasse ipsum sentiendum est, alioqui divina virtute spiritus cogere nequivisset. Hic autem Belial cum tribus

regibus in puteo fuit. At Babilonienses ad hæc exhor-
rescentes, rati se thesaurum amplum in puteo inventu-
ros, unanimi consilio in puteum descenderunt, detege-
runtque & confregere vas, unde mox egressi captivi, in
proprium locum porrò sunt reiecti. Belial verò ingressus
quoddam simulachrum, dabat responsa sibi immolanti-
bus & sacrificantibus, ut testatur Tocz in dictis suis : &
Babylonienses adorantes sacrificaverunt eidem.

PAIMON est plus obéissant à *Lucifer* que le sont les autres Rois. Il doit être compris ici que, *Lucifer,* plongé dans la profondeur de sa connaissance, a voulu être comparé à Dieu, et à cause de son arrogance, il a été jeté dans la destruction ; dont il a été dit : Toute pierre précieuse est ta couverture[8]. *Paimon* est contraint par la vertu divine de se présenter devant l'exorciste, où il revêt l'apparence d'un homme. Il est assis sur un dromadaire et est orné d'une couronne des plus brillantes, et d'un visage féminin. Il est précédé par une armée avec des trompettes et des cymbales retentissantes, et divers instruments de musique. Au début, il apparaît avec une grande clameur et

---

8   Ezéchiel 28:13.

un rugissement, comme dans le *Empto Salomonis*[9], tel que déclaré dans l'Art. Et si ce *Paimon* parle parfois de manière qui n'est pas comprise par l'exorciste, qu'il ne soit pas consterné pour autant. Mais quand il aura rendu la première obligation pour accomplir son désir, il lui ordonnera aussi de répondre distinctement et ouvertement aux questions, tant sur la philosophie universelle, la sagesse ou la science, et sur toutes autres choses secrètes. Et si vous désirez connaître la disposition du monde, et ce qu'est la Terre, ou ce qui est retenu dans l'eau, ou quoi que ce soit d'autre, ou ce qu'est *Abyssus*, ou où se trouve le vent, ou d'où il vient, il vous l'enseignera abondamment. Qu'il y ait aussi des consécrations, tant de libations que d'autres. Il confère les dignités et confirmations ; il opprime ceux qui lui résistent dans ses propres chaînes, et les soumet à l'exorciste ; il prépare de bons familiers, et possède la compréhension de tous les arts.

Il convient de noter qu'en évoquant ce *Paimon*, l'exorciste doit regarder vers le Nord, car là est sa demeure. Lorsqu'il est évoqué, que l'exorciste le reçoive toujours sans crainte et avec constance ;

---

9 Ce passage réfère au recueil mentionné en préface au lecteur: *Liber officiorum spirituum, seu Liber dictus Empto Salomonis, de principibus & regibus dæmoniorum.*

qu'il l'interroge et lui demande tout ce qu'il veut, et il l'obtiendra certainement. Et l'exorciste doit se méfier de ne point oublier le Créateur, à cause de ce qui a été dit plus haut à propos de *Paimon*. Certains disent qu'il était de l'ordre des Dominations ; mais d'autres indiquent qu'il était de l'ordre des Chérubins. Il est suivi par deux cents légions, en partie de l'ordre des Anges et partiellement des Puissances. Il faut noter ici que si *Paimon* seul est convoqué pour quelques libation ou sacrifice, il sera accompagné de deux grands Rois ; à savoir, *Bebal* et *Abalam* [10], et d'autres Puissances. On compte dans son armée vingt-cinq légions, car les Esprits qui leur sont soumis ne sont pas toujours présents, à moins qu'ils ne soient contraints d'apparaître par la puissance divine.

Certains disent que le Roi *Belial* a été créé immédiatement après *Lucifer*, et par conséquent ils croient qu'il est le père et le séducteur de ceux qui, dans les ordres, ont chuté. Car il a chuté le premier parmi les plus dignes et les plus sages, qui précédèrent *Michael* et d'autres Anges célestes, qui manquaient. Mais bien que *Belial* ait précédé ceux qui furent précipités sur la Terre, il n'a pas précédé les autres qui sont restés au ciel. Il est contraint par la puissance divine, lorsqu'il

---

10 *Ars Goetia : Labal & Abalim.*

reçoit des sacrifices, des dons et des offrandes, de donner en retour de vraies réponses aux demandeurs. Mais il ne tarit pas une heure dans la sincérité, à moins d'y être contraint par la puissance divine, comme cela a été dit. Il prend la forme d'un Ange, extrêmement beau, assis dans un char de feu ; il parle d'une voix plaisante. Il distribue des dignités et des prélats sénatoriaux, ainsi que la faveur des amitiés, et d'excellents familiers. Il a un empire de quatre-vingts légions, en partie de l'ordre des Vertus, en partie des Anges. La forme de l'exorciste se retrouve dans la contrainte des Esprits.

L'exorciste doit considérer que ce *Belial* assiste ses sujets en toutes choses : mais s'il ne se soumet pas, que la contrainte des Esprits soit récitée. La chaîne d'Esprits lui sera envoyée, par laquelle le sage *Salomon* les rassembla avec leurs légions dans un vaisseau de verre[11], où soixante-douze Rois ont été enfermés avec toutes leurs légions, dont le premier fut *Bileth*, le second était *Belial*, puis *Asmoday*, et de même que mille milliers de légions. Sans aucun doute, je m'en confesse, j'ai appris cela de mon maître *Salomon* ; mais il ne m'a pas enseigné pourquoi il les avait rassemblés et

---

11   Il est dit que Salomon les enferma dans un vaisseau d'airain. Cependant *in vase vitreo* se traduit par *dans un vaisseau de verre*.

enfermés ainsi. Mais je crois que c'était pour l'orgueil de ce *Belial*. Certains Nécromanciens affirment que *Salomon* lui-même, un jour séduit par l'art d'une certaine femme, se prosterna pour prier devant la même idole, *Belial* de son nom. Ce qui, cependant, ne mérite pas d'être cru. Et par conséquent, nous devons plutôt croire, comme il est dit, qu'ils ont été relégués dans ce grand vaisseau pour cause d'orgueil et d'arrogance, et jetés dans un lac profond ou un puits à *Babylone*. En effet, le très sage *Salomon* accomplissait ses opérations par la puissance divine, qui ne lui manquait jamais non plus. Et conséquemment, nous devons penser qu'il n'adorait pas l'image; autrement il n'aurait pu contraindre les Esprits par la vertu divine. Mais ce *Belial* était dans le puits avec les trois Rois. Mais les *Babyloniens*, effrayés par cette nouvelle, pensant trouver dans le puits un grand trésor, descendirent d'un commun accord dans le puits, découvrirent le vaisseau et le brisèrent, d'où immédiatement s'envolèrent les captifs, et furent rejetés dans leurs demeures. Mais *Belial* cependant, étant entré dans une certaine image, donna des réponses à ceux qui lui offraient des sacrifices et des immolations : comme *Tocz* en témoigne dans ses paroles, et les *Babyloniens* l'adorèrent et lui sacrifièrent.

Bune dux magnus.

Bune Dux magnus & fortis, apparet ut draco, tribus capitibus, tertium verò assimilatur homini. Muta loquitur voce: Mortuos locum mutare facit, & dæmones supra defunctorum sepulchra congregari: omnimodo hominem locupletat, redditque loquacem & sapientem: ad quæsita verè respondet. Huic legiones parent triginta.

BUNE est un grand et puissant Duc. Il apparaît comme un dragon à trois têtes, dont la troisième est semblable à un homme[12]. Il parle d'une voix muette[13], il fait changer les morts de place, et les Démons à se rassembler sur les sépulcres des défunts. Il enrichi l'homme de toutes les manières, et le rend éloquent et sage. Il répond avec franchise à toutes les demandes. Trente légions lui sont subordonnées.

---

12   *Ars Goetia: Il apparaît sous la forme d'un Dragon à trois têtes, une comme un Chien, une comme un Griffon, et une comme un Homme.*

13   Mentalement, par télépathie.

Forneus magnus marchio.

Forneus magnus Marchio, similis monstro marino, reddit hominem in Rhetoricis admirabilem, optima fama & linguarum peritia ornat, tam amicis quàm inimicis gratum facit. Subsunt huic vigintinovem legiones, ex ordine partim Thronorum, partim Angelorum.

FORNEUS est un grand Marquis, semblable à un monstre marin. Il rend l'homme admirable en rhétorique, l'orne d'une excellente réputation et d'une habileté dans les langues, et le rend bien-aimé tant pour ses amis que pour ses ennemis. Sous ses ordres se trouvent vingt-neuf légions, en partie de l'ordre des Trônes, et partiellement des Anges.

Roneve marchio & comes.

Roneve Marchio & Comes, assimilatur monstro. Singularem in Rhetoricis intelligentiam confert, famulos item fidos, linguarum cognitionem, amicorum & inimicorum favorem. Huic obediunt legiones novendecim.

RONOVE, est un Marquis et un Comte. Il ressemble à un monstre. Il confère une compréhension singulière de la rhétorique, des serviteurs fidèles, la connaissance des langues, la faveur des amitiés et des ennemis. Il se fait obéir par dix-neuf légions.

Berith dux magnus.

Berith Dux magnus & terribilis: tribus nuncupatur nominibus, à quibusdam Beal, à Iudæis Berith, à necromanticis Bolfri. Prodit ut miles ruber cum vestitu rubro, & equo eiusdem coloris, coronaque ornatus. Verè de præsentibus, præteritis & futuris respondet. Virtute divina per annulum magicæ artis ad horam scilicet cogitur. Mendax etiam est. In aurum cuncta metallorum genera mutat. Dignitatibus ornat easdemque confirmat: claram subtilemque edit vocem. Viginti sex legiones huic subsunt.

BERITH est un grand et un terrible Duc. Il est appelé par trois noms : par certains, *Beal* ; par les Juifs, *Berith* ; par les Nécromanciens, *Bolfry*. Il apparaît comme un soldat écarlate avec des vêtements rouges, et montant un cheval de la même couleur, et orné d'une couronne. Il répond franchement des choses présentes, passées et à venir. Par le pouvoir divin, grâce à l'anneau de l'Art magique, il est contraint de le faire pendant une heure. C'est aussi un menteur. Il transforme tous les métaux en or ; il orne l'homme de dignités et les confirme, il parle d'une voix claire et subtile. Il a sous ses ordres vingt-six légions.

Astaroth dux magnus.

Astaroth Dux magnus & fortis, prodiens angelica specie turpissima, insidensque in dracone infernali, & viperam portans manu dextra. Verè respondet de præteritis, præsentibus, futuris & occultis. Libenter de spirituum creatore, & eorundem lapsu loquitur, quomodo peccaverint & ceciderint. Se spontè non prolapsum esse dicit. Reddit hominem mirè eruditum in artibus liberalibus. Quadraginta legionibus imperat. Ab hoc quilibet exorcista caveat, ne propè nimis cum admittat, ob fœtorem intolerabilem quem expirat. Itaque annulum argenteum magicum in manu sua iuxta faciem teneat, quo se ab iniuria facilè tuebitur.

ASTAROTH est un grand et puissant Duc, apparaissant sous la forme d'un Ange immonde, assis sur un dragon infernal, et portant une vipère dans sa main droite. Il répond franchement des choses présentes, passées, à venir et cachées. Il parle volontiers du Créateur des Esprits, et de leur chute, et de la façon dont ils ont péché et sont tombés. Il dit qu'il n'a pas chuté de son plein gré. Il rend l'homme merveilleusement instruit dans les sciences libérales. Il commande quarante légions. Que tout exorciste prenne garde qu'il ne l'admette pas trop près de lui, en raison de son haleine fétide. Par conséquent, qu'il tienne donc dans sa main, près de son visage, un anneau magique en argent, et cela l'en défendra.

Forras vel forcas.

Forras vel forcas magnus Præses est: visitur forma viri fortissimi, & in humana specie vires herbarum & lapidum preciosorum intelligit. Plenè docet Logica, Ethica & eorundem partes. Reddit hominem invisibilem, ingeniosum, loquacem & vivacem: amissa recuperat, thesauros detegit. Dominium viginti novem legionum habet.

FORAS, *alias Forcas,* est un grand Président, et il se montre sous la forme d'un homme très fort; et sous forme humaine, il comprend la vertu des herbes et des pierres précieuses. Il enseigne pleinement la logique, l'éthique et leurs subtilités. Il rend l'homme invisible, ingénieux, éloquent, et le fait vivre longtemps. Il retrouve les choses perdues, et découvre les trésors. Il a sous sa domination vingt-neuf légions.

Furfur comes est magnus.

Furfur Comes est magnus, apparens ut cervus cauda flammea. In omnibus mentitur, nisi in triangulum intro ducatur. Iussus angelicam assumit imaginem. Rauca loquitur voce : amorem inter virum & mulierem libenter conciliat : novit & concitare fulgura, coruscationes & tonitrua in ijs partibus ubi iussum fuerit. De occultis & divinis rebus bene respondet. Imperat legionibus vigintisex.

FURFUR est un grand Comte, apparaissant comme un cerf, avec une queue de flammes. Il ment à propos de tout, sauf s'il est évoqué dans un triangle. Étant contraint, il prendra une forme angélique. Il parle d'une voix rauque, et consent à faire naître l'amour entre l'homme et la femme. Il sait susciter la foudre, les éclairs et le tonnerre dans les lieux où il en a reçu l'ordre. Il répond bien, à la fois des choses secrètes et divines. Il commande vingt-six légions.

Marchocias magnus marchio.

Marchocias magnus Marchio est. Se ostentat spe-cie lupæ ferocissimæ cum alis gryphi, cauda serpenti-na, & ex ore nescio quid evomens. Quum hominis ima-ginem induit, pugnator est optimus. Ad quæsita vere respondet: fidelis in cunctis exorcistæ mandatis. Fuit ordinis Dominationum. Huic subiacent legiones tri-ginta. Sperat se post mille ducentos annos ad septimum Thronum reversurum: sed ea spe falsus est.

MARCHOSIAS est un grand Marquis. Il se présente sous la forme d'une louve féroce avec des ailes de griffon, une queue de serpent et vomissant quelque chose de sa bouche. Lorsqu'il prend l'image d'un homme, il est un excellent combattant. Il répond avec franchise à toutes les questions; il est fidèle dans toutes les affaires de l'exorciste. Il était de l'ordre des Dominations. Trente légions sont sous ses ordres. Il espère re-venir au Septième Trône après 1200 ans, mais il se trompe dans cet espoir.

Malphas magnus præses.

Malphas magnus Præses, conspicitur corvo similis : sed hominis idolum indutus rauca fatur voce. Domos & turres ingentes mirè extruit, & obvios citò facit artifices maximos : hostium verò ædes & turres deijcit. Famulos suppeditat non malos. Sacrificia libenter suscipit, at sa-crificatores omnes fallit. Quadraginta huic parent le-giones.

MALPHAS est un grand Président. Il ressemble à un corbeau, mais étant revêtu d'une forme humaine, il parle d'une voix rauque. Il bâtit merveilleusement des maisons et de hautes tours, et rassemble rapidement les ouvriers ; mais il détruit également les édifications ennemies. Il fournit de bons familiers, il accepte volontiers les sacrifices, mais il trompe tous les sacrificateurs. Quarante légions lui sont subordonnées.

Vepar, aliàs Separ.

Vepar, aliàs Separ, Dux magnus & fortis : similis syreni : ductor est aquarum & navium armis onustarum. Ut mare iussu magistri turgidum navibusque plenum appareat, efficit : contra inimicos exorcistæ per dies tres vulneribus putrescentibus vermesque producentibus homines inficit, à quibus tamen negotio absoluto sanantur omnes. Imperat legionibus vigintinovem.

VEPAR, *alias Separ,* est un grand et puissant Duc, semblable à une sirène. Il est le guide des eaux et des navires chargés d'armes. Il fait paraître la mer agitée et orageuse et pleine de navires, sur l'ordre du maître. Contre les ennemis de l'exorciste, il infecte les hommes pendant trois jours avec des blessures qui pourrissent et produisent des vers, dont cependant tous sont guéris sans autre ennui. Il commande vingt-neuf légions.

Sabnac, aliàs Salmac.

Sabnac, aliàs Salmac, Marchio magnus & fortis: prodit ut miles armatus, capite leonis, in pallido equo insidens. Hominis formam transmutat mirè: turres magnas armis plenas ædificat, item castra & civitates. Triginta dies ex mandato exorcistæ homini vulnera putrida & verminantia infligit. Familiares conciliat bonos: dominium exercens quinquaginta legionum.

SABNACKE, *alias Salmac*, est un grand et fort Marquis. Il apparaît comme un soldat armé avec une tête de lion, assis sur un cheval pâle. Il transforme merveilleusement la forme de l'homme; il construit de hautes tours remplies d'armes, ainsi que des camps et des villes. Pendant trente jours, sur ordre de l'exorciste, il inflige aux hommes des blessures à la fois putrides et pleines de vers. Il fournit de bons familiers. Il exerce sa domination sur cinquante légions.

Sydonay, aliàs Asmoday.

Sydonay, aliàs Asmoday, Rex magnus, fortis & potens: visitur tribus capitibus, quorum primum assimilatur capiti tauri, alterum hominis, tertium arietis. Cauda eius serpentina, ex ore flammam eructat, pedes anserini. Super dracone infernali sedet, in manu lanceam & vexillum portans. Præcedit alios qui sub potestate Amaymonis sunt. Cum huius officia exercet exorcista, sit fortis, cautus & in pedibus stans: si verò coopertus fuerit, ut in omnibus detegatur, efficiet: quod si non fecerit exorcista, ab Amaymone in cunctis decipietur: sed mox quum ipsum in prædicta forma conspicit, appellabit illum nomine suo, inquiens: Tu verò es Asmoday. ipse non negabit: & mox ad terram. Dat annulum virtutum: docet absolutè Geometriam, Arithmeticam, Astronomiam, Mechanicam: ad interrogata plenè & verè respondet: hominem reddit invisibilem: loca thesaurorum ostendit & custodit, si fuerit de legionibus Amaymonis. In sua potestate legiones septuaginta duas habet.

SIDONAY, *alias Asmoday,* est un grand Roi, fort et puissant. Il se montre avec trois têtes, dont la première ressemble à un taureau, la seconde à celle d'un homme, la troisième comme un bélier.

Il a une queue de serpent, il crache des flammes de sa bouche, il a les pieds comme une oie. Il est assis sur un dragon infernal, portant une lance et une bannière à la main. Il précède les autres qui sont sous le pouvoir d'*Amaymon*. Lorsque l'exorciste exerce ses offices, qu'il soit fort, prudent et debout sur ses pieds. S'il est couvert, il exposera toutes ses actions au grand jour, ce qui, s'il ne le fait pas, l'exorciste sera trompé par *Amaymon* en toutes choses. Mais dès qu'il le verra sous la forme susdite, il l'appellera par son nom, en disant : Tu es vraiment *Asmoday ;* il ne le niera pas, et, peu à peu, il s'inclinera vers le sol. Il donne l'anneau des vertus, il enseigne absolument la géométrie, l'arithmétique, l'astronomie et la mécanique. Il répond pleinement et véritablement aux questions, il rend l'homme invisible ; il indique les endroits où se trouvent les trésors et qui les gardent, si c'est parmi les légions d'*Amaymon*. Il a soixante-douze légions sous son contrôle.

Gaap, aliàs Tap.

Gaap, aliàs Tap, Præses magnus & Princeps: in signo meridiei apparet: sed quum humanam assumit faciem, ductor est præcipuorum quatuor regum, tam potens ut Byleth. Extiterunt autem quidam necromantici, qui huic libamina & holocausta obtulere, & ut eundem evocarent, artem exercuere, dicentes sapientissimum Salomonem eam composuisse, quod falsum est: imò fuit Cham filius Noe, qui primus post diluvium cœpit malignos invocare spiritus, invocavit autem Byleth, & composuit artem in suo nomine, & librum, qui multis mathematicis est cognitus. Fiebant autem holocausta, libamina, munera, & multa nefaria, quæ operabantur exorcistæ admistis sanctissimis Dei nominibus, quæ in eadem arte sparsim exprimuntur. Epistola verò de ijs nominibus est conscripta à Salomone, uti & scribunt Helias Hierosolymitanus & Heliseus.

Notandum, si aliquis exorcista habuerit artem Beleth, nec ipsum coram se sistere possit aut videre, nisi per artem, quomodo autem eundem continere oporteat, non est explicandum, quum sit nefandum, & nihil à Salomone de eius dignitate & officio didicerim, hoc tamen non silebo, ipsum reddere hominem admirabilem in philosophia & artibus omnibus liberalibus. Facit ad amorem, odium, invisibilitatem & consecrationem eorum quæ sunt de dominatione Amaymonis:

*& de potestate alterius exorcistæ tradit familiares, &
vera perfectè responsa de præsentibus, præteritis & futuris. Velocissimo transcursu in varias regiones traducit hominem. Sexagintasex præest legionibus, & fuit de
Potestatum ordine.*

GAAP, *alias Tap*, est un grand Président et un Prince. Il apparaît sous un signe méridional[14], mais lorsqu'il prend une forme humaine, il est le guide des quatre principaux Rois, aussi puissants que *Bileth*. Il y avait certains Nécromanciens qui lui offraient des sacrifices et brûlaient des offrandes, et pratiquaient l'Art de l'invoquer, disant que le très sage *Salomon* l'avait composé, ce qui est faux : car c'était plutôt *Cham*, le fils de *Noé*, qui, après le début du déluge, fut le premier à invoquer les Mauvais Esprits. Et il invoqua *Bileth* et créa un Art en son nom, et un livre qui est connu de nombreux mathématiciens. Il y eut des sacrifices et des offrandes au feu, et des présents offerts, et beaucoup de perversité ouvrées par les exorcistes en y mêlant les noms très saints de Dieu, lesquels sont exprimés en abondance dans cet Art. Certainement, il existe une épître de ces

---

14 *Ars Goetia : Il apparaît sous forme humaine, lorsque le Soleil entre dans
certains Signes du Sud.*

noms écrite par *Salomon*, comme l'écrivent également *Élie de Jérusalem* et *Élisée*.

Il est à noter que si un exorciste possède l'Art de *Bileth*, il ne peut le présenter ou le voir devant lui que par l'Art. Cependant, la manière dont il faut le contenir n'est pas à expliquer, car c'est mal, et je n'ai rien appris de *Salomon* sur sa dignité et sa fonction. Mais pourtant, je ne cacherai pas cela ; à savoir, qu'il rend l'homme merveilleux en philosophie et dans toutes les sciences libérales. Il procure l'amour, la haine, l'invisibilité et la consécration de ces choses qui sont du domaine d'*Amaymon* ; et fournit des familiers appartenant à d'autres exorcistes, répondant sincèrement et parfaitement des choses présentes, passées et à venir. Il transporte les hommes extrêmement rapidement dans différentes régions. Il commande soixante-six légions, et était de l'ordre des Puissances.

Chax, aliàs Scox.

Chax, aliàs Scox, Dux est & Marchio magnus: similis ciconiæ rauca voce & subtili. Mirabiliter aufert visum, auditum & intellectum iussu exorcistæ: aufert pecuniam ex qualibet domo regia, & reportat post mille ducentos annos, si iussus fuerit: abripit & equos. Fidelis esse in omnibus mandatis putatur: ac licet se obsequuturum exorcistæ promittat, non tamen in omnibus facit. Mendax est, nisi in triangulum introducatur: introductus autem loquitur de rebus divinis & reconditis thesauris, qui à malignis spiritibus non custodiuntur. Promittit insuper se collaturum optimos famulos, qui accepti sunt, si non fuerint deceptores. Huic subiacent legiones triginta.

SHAX, *alias Scox*, est un grand Duc et Marquis, semblable à une cigogne, avec une voix rauque et subtile. Il enlève miraculeusement la vue, l'ouïe et la compréhension de tout homme, sur l'ordre de l'exorciste. Il enlève l'argent de toutes les demeures royales, et le rend après 1200 ans, si on le lui ordonne; il vole également les chevaux. Il est censé être fidèle dans tous les commandements, et bien qu'il promette d'être obéissant envers l'exorciste en toutes choses, cependant, il ne l'est pas ; c'est un menteur, à moins qu'il ne soit évoqué dans un triangle : et en ce cas, il parle de choses divines et de trésors cachés, qui ne sont pas sous la garde d'Esprits maléfiques. Il promet de bons familiers, qui sont acceptés s'ils ne sont pas trompeurs. Trente légions sont sous ses ordres.

Pucel dux magnus.

Pucel Dux magnus & fortis: apparet in specie angelica, sed obscura valde: loquitur de occultis: docet Geometriam & omnes artes liberales: sonitus facit ingentes, & sonare aquas ubi non sunt, easdem & calefacit, & harum balnea recuperandæ sanitati servientia certis temporibus, distemperat iussu exorcistæ. Fuit de ordine Potestatum, habetque in sua potestate legiones quadragintaocto.

PROCELL[15] est un grand et puissant Duc, apparaissant sous une forme Angélique, mais très obscure. Il parle des choses cachées. Il enseigne la géométrie et tous les arts libéraux, il produit de grands bruits, et fait retentir les eaux là où il n'y en a pas, et les réchauffe; et ces bains, qui servent à rétablir la santé, sont à certaines heures revigorés par ordre de l'exorciste. Il était de l'ordre des Puissances, et détient quarante-huit légions sous son pouvoir.

---

15 *Ars Goetia* le nomme *Crocell.*

Furcas.

Furcas miles est: prodit similitudine sævi hominis cum longa barba & capillitio cano. In equo pallido insidet, portans in manu telum acutum. Docet perfectè practicam, philosophiam, rhetoricam, logicam, chiromantiam, astronomiam, piromantiam, & earum partes. Huic parent viginti legiones.

FURCAS est un Chevalier, et il apparaît sous les traits d'un homme cruel avec une longue barbe et une tête grisonnante. Il est monté sur un cheval pâle, portant une arme tranchante dans sa main. Il enseigne parfaitement les sciences pratiques, la philosophie, la rhétorique, la logique, la chiromancie, l'astronomie, la pyromancie et leurs subtilités. Vingt légions lui sont subordonnées.

Murmur magnus dux & comes.

Murmur magnus Dux & Comes: apparet militis forma, equitans in vulture, & ducali corona comptus. Hunc præcedunt duo ministri tubis magnis: philosophiam absolutè docet. Cogit animas coram exorcista apparere, ut interrogatæ respondeant ad ipsius quæsita. Fuit de ordine partim Thronorum, partim Angelorum.

MURMUR est un grand Duc et un Comte, apparaissant sous la forme d'un soldat monté sur un vautour, et portant une couronne ducale. Il est précédé par deux de ses ministres, avec de grandes trompettes. Il enseigne la philosophie de manière absolue, il oblige les âmes à se présenter devant l'exorciste, afin que lorsqu'elles sont interrogées, elles puissent répondre à ses questions. Il était en partie de l'ordre des Trônes, et partiellement des Anges. [Il gouverne trente légions] [16].

---

16 Complété d'après l'*Ars Goetia.*

Caym magnus præses.

Caym magnus Præses, formam assumens merulæ: at quum hominem induit, respondet in favilla ardente, ferens in manu gladium acutissimum. Præ cæteris sapienter argumentari facit: tribuit intellectum omnium volatilium, mugitus boum, latratus canum, & sonitus aquarum: de futuris optimè respondet. Fuit ex ordine Angelorum. Præsidet legionibus triginta.

CAIM est un grand Président, prenant la forme d'un merle, mais lorsqu'il adopte la forme d'un homme, il répond en cendres brûlantes, tenant dans sa main une épée très tranchante. Il fait les meilleurs débatteurs, il donne aux hommes la compréhension de tous les oiseaux, du mugissement des bœufs, et des aboiements de chiens, et aussi du son et du bruit des eaux. Il répond au mieux des choses à venir. Il était de l'ordre des Anges. Il préside trente légions.

Raum vel Raym comes est magnus.

Raum vel Raym Comes est magnus : ut corvus visi-tur : Sed quum assumit humanam faciem, si ab exorcista iussus fuerit, mirè ex regis domo vel alia suffuratur, & ad locum sibi designatum transfert. Civitates destruit : dignitatum despectum ingerit. Novit præsentia, præte-rita & futura. Favorem tam hostium quàm amicorum conciliat. Fuit ex ordine Thronorum. Præest legionibus triginta.

RAUM, ou *Raim* est un grand Comte. Il est perçu comme un corbeau, mais quand il prend une forme humaine, s'il est commandé par l'exorciste, il pille merveilleusement les de-meures des Rois ou autres, et le transporte dans le lieu qui lui est désigné. Il détruit les villes, et instille le mépris pour les dignités. Il connaît les choses présentes, passées et à venir, et réconcilie les amitiés et les ennemis. Il était de l'ordre des Trônes. Il gouverne trente légions.

Halphas comes magnus.

Halphas Comes magnus, prodit similis ciconiæ rauca voce. Insigniter ædificat oppida ampla armis plena : bellum movet, & iussus, homines bellicosos ad designatum locum mittit obviam. Subsunt huic viginti sex legiones.

HALPHAS est un grand Comte, et se présente sous la forme d'une cigogne avec une voix rauque. Il construit de grandes villes pleines d'armes d'une manière remarquable ; il suscite la guerre et, sur ordre, envoie des hommes de guerre à sa rencontre au lieu désigné. Il a sous ses ordres vingt-six légions.

Focalor dux magnus.

Focalor Dux magnus, prodit velut homo, habens alas gryphi forma. Accepta humana figura, interficit homines & in aquis submergit. Imperat mari & vento, navesque bellicas subvertit. Notandum omni exorcistæ, si huic mandetur, ne homines lædat, libenter obsequitur. Sperat se post mille annos reversurum ad septimum Thronum, sed fallitur. Triginta legionibus imperat.

FOCALOR est un grand Duc apparaissant comme un homme avec des ailes semblables à un griffon. Prenant une forme humaine, il tue les hommes et les noie dans les eaux. Il commande à la mer et au vent, et renverse les navires de guerre. Et que l'exorciste prenne note que, s'il lui ordonne de ne pas blesser personne, il y consent volontairement. Il espère après 1000 ans revenir sur le Septième Trône, mais il se trompe. Il commande trente [17] légions.

---

17 *Ars Goetia* et Scot en indiquent trois.

Vine magnus rex & comes.

Vine magnus Rex & Comes: se ostentat ut leo in equo nigro insidens, portansque viperam in manu. Amplas turres libenter ædificat: lapideas domus extruit, rivos reddit turgidos: ad exorcistæ mandatum respondet de occultis, maleficis, præsentibus, præteritis & futuris.

VINE est un grand Roi et un Comte. Il se montre comme un lion assis sur un cheval noir, et portant une vipère dans sa main. Il construit volontiers de grandes tours, il érige des maisons de pierres[18], et rend les eaux agitées. Au commandement de l'exorciste, il répond des choses cachées, des sorcières, du présent, passé et de l'avenir. [Il règne sur 26 Légions d'Esprits.][19]

---

18   *Ars Goetia* indique plutôt: *Il jette à terre de grands murs de pierres.* Cependant *extruit* peut être interprété par *empiler, ériger,* ou *construire,* ce qui dans le contexte semble approprié.

19   Complété d'après l'*Ars Goetia.*

Bifrons.

Bifrons, monstri similitudine conspicitur. Ubi humanam assumit imaginem, reddit hominem in Astrologia mirabilem, planetarum mansiones absolutè docens, idem præstat in Geometria, & mensuris alijs. Vires herbarum, lapidum pretiosorum & lignorum intelligit. Corpora mortuorum de loco ad locum transmutat: candelas super defunctorum sepulchra inflammare videtur. Huic subiacent vinginti sex legiones.

BIFRONS se montre ressemblant à un monstre. Lorsqu'il prend une image humaine, il rend l'homme admirable en astrologie, enseignant entièrement les demeures des planètes; il fait de même en géométrie et autres mesures. Il comprend parfaitement le pouvoir et la vertu des herbes, des pierres précieuses et des bois. Il déplace les cadavres d'un endroit à un autre; il semble allumer des bougies sur les sépulcres des morts. Vingt-six légions lui sont subordonnées.

Gamygyn magnus marchio.

Gamygyn magnus Marchio : in forma equi parvi visitur : at ubi hominis simulachrum assumit, raucam edit vocem, de omnibus artibus liberalibus differens : efficit quoque, ut coram exorcista conveniant animæ in mari exeuntes, & quæ degunt in purgatorio (quod dicitur Cartagra, id est, afflictio animarum) & corpora aërea suscipiunt, apparentque evidenter, & ad interrogata respondent. Permanet apud exorcistam, donec ipsius votum expleverit. Triginta legiones in sua habet potestate.

GAMIGIN[20] est un grand Marquis. Il se présente sous la forme d'un petit cheval. Lorsqu'il prend une forme humaine, il parle d'une voix rauque, argumentant toutes les sciences libérales. Il fait aussi sortir les âmes de la mer et celles qui demeurent au purgatoire (qui s'appelle *Cartagra*, c'est-à-dire, affliction des âmes) afin qu'elles reçoivent des corps aériens, et apparaissent clairement, et répondent aux questions. Elles s'attardent auprès de l'exorciste jusqu'à ce qu'elles aient exaucé sa volonté. Il a trente légions sous son pouvoir.

---

20 *Ars Goetia :* ou *Samigina.*

Zagan magnus rex & præses.

Zagan magnus Rex & Præses: ut taurus prodit cum alis ad modum gryphi: sed assumpta hominis forma, reddit hominem ingeniosum: transmutat cuncta metallorum genera in monetas illius ditionis, & aquam in vinum, & ediversò: sanguinem quoque in oleum, & contrà: & stultum in sapientem. Præest triginta tribus legionibus.

ZAGAN est un grand Roi et Président. Il apparaît sous la forme d'un taureau avec des ailes de griffon ; mais en assumant une forme humaine, il rend les hommes ingénieux, il transforme tous les métaux en monnaie de cette souveraineté, et transforme l'eau en vin et inversement ; il transforme aussi le sang en huile, et vice-versa[21], et un idiot en homme sage. Il est à la tête de trente-trois légions.

---

21 La traduction de Scot et l'*Ars Goetia* mentionnent plutôt : *le sang en vin, et le vin en sang.*

Orias marchio magnus.

Orias Marchio magnus, visitur ut leo, in equo for-tissimo equitans, cauda serpentina: in dextera portat duos grandes serpentes etiam exibilantes. Callet planetarum mansiones, & vires sidereas perfectè docet. Transmutat homines: confert dignitates, prælaturas & confirmationes: item amicorum & hostium favorem. Præsidet legionibus triginta.

ORIAS est un grand Marquis, et apparaît comme un lion monté sur un cheval fort, avec une queue de serpent, et portant dans sa main droite deux grands serpents sifflants. Il connaît la maison des planètes, et enseigne parfaitement les vertus des étoiles. Il transforme les hommes, il confère dignités, prélatures et confirmations; il gagne aussi la faveur des amitiés et des ennemis. Il préside trente légions.

Volac magnus præses.

Volac magnus Præses: progreditur uti puer alis angeli, super dracone equitans duobus capitibus. De occultis thesauris perfectè respondet, & ubi serpentes videantur, quos & viribus dedestitutos tradit in exorcistæ manus. Dominium habet legionum triginta.

VALAC est un grand Président, et apparaît comme un enfant avec des ailes d'Anges, chevauchant un dragon à deux têtes. Il répond parfaitement au sujet des trésors cachés, et là où des serpents peuvent être vus, lesquels il livre, privés de force, entre les mains de l'exorciste. Il commande trente légions.

Gomory dux fortis.

Gomory Dux fortis & potens: apparet ut mulier pulcherrima: ac ducali cingitur corona, in camelo equitans. Bene & verè respondet de præteritis, præsentibus, futuris, & occultis thesauris ubi lateant. Conciliat amorem mulierum, & maximè puellarum. Imperat legionibus vigintisex.

GOMORY est un Duc fort et puissant. Il apparaît comme une très belle femme, et est cintré d'une couronne ducale, chevauchant un chameau. Il répond bien et sincèrement sur les choses présentes, passées et à venir, et à propos des trésors cachés, et où ils se trouvent. Il procure l'amour des femmes, en particulier des demoiselles. Il commande vingt-six légions.

Decarabia vel Carabia.

*Decarabia vel Carabia, magnus Rex & Comes : ve-nit similis *. Vires herbarum & lapidum pretiosorum novit : efficit ut aves coram exorcista volent, & velut familiares ac domesticæ morentur, bibant & cantillent suo more. Parent huic triginta legiones.*

DECARABIA ou *Carabia,* est un grand Roi et Comte. Il se présente comme une ☆. Il connaît le pouvoir des herbes et des pierres précieuses. Il fait en sorte que les oiseaux viennent volontiers devant l'exorciste, et comme s'ils étaient familiers et domestiques, ils boivent et chantent comme c'est leur manière de faire. Il possède trente légions.

Amduscias dux magnus.

Amduscias Dux magnus & fortis : procedit ut unicornu : in humana similiter forma, quando coram magistro suo se sistit : & si præcipiatur, efficit facilè ut tubæ & symphoniæ omniaque musicorum instrumentorum genera audiantur, nec tamen conspectui appareant : ut item arbores ad exorcistæ genu se inclinent. Optimus est una cum famulis. Imperium habet vigintinovem legionum.

AMDUSCIAS est un grand et puissant Duc. Il se présente comme une licorne. Lorsqu'il s'avance devant son maître sous une forme humaine, étant commandé, il fait aisément que des trompettes et des symphonies et toutes sortes d'instruments de musique puissent être entendus et non vus, et aussi que les arbres plient les genoux et s'inclinent devant l'exorciste. Il est excellent parmi les familiers. Il a le commandement de vingt-neuf légions.

Andras magnus marchio.

Andras magnus Marchio: visitur forma angelica, capite nycticoraci nigro simili, in lupo nigro & fortissimo equitans, baiulansque manu gladium acutissimum. Novit interficere dominum, servum & coadiutores: author est discordiarum. Dominatur legionibus triginta.

ANDRAS est un grand Marquis. Il est perçu sous la forme d'un Ange avec une tête de corbeau de nuit, chevauchant un loup noir très puissant, brandissant une épée tranchante dans sa main. Il peut tuer le maître, le serviteur et tous les assistants. Il est l'auteur de discordes. Il commande trente légions.

Androalphus marchio magnus.

Androalphus Marchio magnus, apparens ut pavo : graves edit sonitus : & in humana forma docet perfectè geometriam & mensuram spectantia : reddit hominem in argumentando argutum, & in astronomia prudentem, eundemque in avis speciem transmutat. Triginta huic subsunt legiones.

ANDREALPHUS est un grand Marquis, apparaissant comme un paon. Il provoque de grands bruits ; et sous forme humaine, il enseigne parfaitement la géométrie et toutes les choses appartenant aux mesures. Il fait de l'homme un subtil débatteur, et savant en astronomie, et le transforme en la forme d'un oiseau. Trente légions sont sous ses ordres.

Oze præses magnus.

Oze Præses magnus : procedit similis leopardo : sed hominem mentitus, reddit prudentem in artibus liberalibus : verè respondet de divinis & occultis : transmutat hominis formam : & ad eam insaniam eum redigit, ut sibi persuadeat esse quod non est, quemadmodum se esse regem vel papam, & coronam in capite gestare : duratque id regnum horam.

OSE est un grand Président, et se présente comme un léopard. Mais sous l'apparence contrefaite d'un homme, il rend savant dans les sciences libérales ; il répond sincèrement des choses divines et occultes. Il transforme la forme de l'homme et le réduit à cette folie, qu'il se persuade d'être ce qu'il n'est pas ; comme s'il était un Roi ou un Pape, et de porter une couronne sur sa tête : cette puissance perdurera pour l'heure[22]. [Il gouverne 30 Légions d'Esprits.][23]

---

22 En latin dans la traduction de Scot.
23 Complété d'après l'*Ars Goetia*.

Aym vel Haborym.

*Aym vel Haborym Dux magnus & fortis: progreditur tribus capitibus, primo serpenti simili, altero homini duos * habenti, tertio felino. In vipera equitat, ingentem facem ardentem portans, cuius flamma succenditur castrum vel civitas. Omnibus modis ingeniosum reddit hominem: de abstrusis rebus verè respondet. Imperat legionibus vigintisex.*

AYM ou *Haborim* est un grand et puissant Duc. Il apparaît avec trois têtes: la première ressemblant à un serpent, la seconde à un homme ayant deux ☆, la troisième à un chat[24]. Il chevauche une vipère, portant dans sa main une torche ardente, dont la flamme embrase les châteaux et les villes. Il rend savant en toute chose, et répond avec sincérité des affaires privées. Il commande vingt-six légions.

---

24 *Ars Goetia: La troisième comme un veau.*

Orobas magnus princeps.

Orobas magnus Princeps: procedit equo conformis: hominis autem indutus idolum, de virtute divina loquitur: vera dat responsa de præteritis, præsentibus, futuris, de divinitate & creatione: neminem decipit, nec tentari sinit: confert prælaturas & dignitates, amicorum item & hostium favorem. Præsidet legionibus viginti.

OROBAS est un grand Prince. Il apparaît sous la forme d'un cheval, mais quand il revêt une image humaine, il parle de vertu divine. Il donne de vraies réponses sur les choses présentes, passées et à venir, et sur la divinité et la création. Il ne trompe personne, ni ne permet personne à la tentation. Il procure dignités et prélatures, ainsi que la faveur des amitiés et des ennemis. Il préside plus de vingt légions.

Vapula dux magnus.

Vapula Dux magnus & fortis: conspicitur ut leo alis ad modum gryphi. Reddit hominem subtilem & mirabilem in artibus mechanicis, philosophia, & scientijs quæ in libris continentur. Præfectus est trigintasex legionum.

VAPULA est un grand et puissant Duc. Il est vu comme un lion avec des ailes de griffon. Il rend l'homme subtil et merveilleux dans les arts mécaniques, la philosophie et les sciences qui sont contenues dans les livres. Il commande trente-six légions.

Cimeries magnus marchio.

Cimeries magnus Marchio & fortis: imperans in partibus Africanis: docet perfectè Grammaticam, Logicam & Rhetoricam. Thesauros detegit, & occulta aperit. Facit ut homo cursu celerrimo videatur transmutari in militem. Equitat in equo nigro & grandi. Legionibus viginti præest.

CIMERIES est un grand et puissant Marquis, régnant dans les régions de l'Afrique. Il enseigne parfaitement la grammaire, la logique et la rhétorique. Il découvre les trésors et les choses cachées. Il fait qu'un homme se verra rapidement transformé en soldat. Il chevauche un grand cheval noir. Il est à la tête de vingt légions.

Amy præses magnus.

Amy Præses magnus : apparet in flamma ignea : sed humana assumpta forma, reddit hominem admirabilem in astrologia & omnibus artibus liberalibus. Famulos suppetit optimos : thesauros à spiritibus custoditos ostendit. Præfecturam habet legionem triginta sex, ex ordine partim angelorum, partim potestatum. Sperat se post mille ducentos annos ad Thronum septimum reversurum, quod credibile non est.

AMY est un grand Président, et apparaît dans une flamme ardente ; mais ayant pris une forme humaine, il rend un homme admirable en astrologie et dans toutes les sciences libérales. Il procure d'excellents familiers, il révèle les trésors gardés par les Esprits. Il gouverne sur trente-six légions, en partie de l'ordre des Anges, partiellement des Puissances. Il espère après mille deux cents ans revenir au Septième Trône : ce qui n'est pas crédible.

Flauros dux fortis.

Flauros dux fortis: conspicitur forma leopardi &
terribili. In humana specie vultum ostentat horrendum,
& oculos flammeos. De præteritis, præsentibus & futuris
plenè & verè respondet. Si fuerit in triangulo, mentitut
in cunctis, & fallit in alijs negocijs. Libenter loquitur de
divinitate, mundi creatione & lapsu. Divina virtute co-
gitur, & omnes alij dæmones sive spiritus, ut omnes ad-
versarios exorcistæ succendant & destruant. Et si virtute
numinis ipsi imperatum fuerit, exorcistæ tentationem
non permittit. Legiones viginti sub sua habet potestate.

FLAUROS est un puissant Duc. Il est vu sous la
forme d'un fort et terrible léopard. Sous apparence humaine, il affiche un visage horrible et
des yeux de feu. Il répond sincèrement et entièrement les choses présentes, passées et à venir. S'il
est dans un triangle, il mentira en toutes choses
et trompera en d'autres domaines. Il parle volontiers de la divinité, et de la création du monde,
et de sa chute. Il est contraint par la puissance
divine, et tous les autres Démons ou Esprits, et
brûle et détruit tous les adversaires de l'exorciste.
Et s'il reçoit l'ordre, il ne permet pas la tentation
de l'exorciste. Il a vingt légions sous ses ordres.

Balã rex magnus.

Balã Rex magnus & terribilis: prodit tribus capitibus, primo tauri, altero hominis, tertio arietis: cauda adhæc serpentina, oculis flammeis, equitans in urso fortissimo, & accipitrem in manu portans. Raucam edit vocem: perfectè respondet de præteritis, præsentibus & futuris: reddit hominem & invisibilem & prudentem. Quadraginta legionibus præsidet, & fuit ex ordine dominat.

BALAM est un grand et un terrible Roi. Il apparaît avec trois têtes: la première d'un taureau, la seconde d'un homme, la troisième d'un bélier. Il a une queue de serpent, et des yeux flamboyants, chevauchant un ours très fort, et portant un faucon dans la main. Il parle d'une voix rauque, répondant parfaitement des choses présentes, passées et à venir; il rend l'homme à la fois invisible et prudent. Il préside quarante légions, et était de l'ordre des Dominations.

Alocer dux magnus.

Alocer Dux magnus & fortis: procedit ut miles in equo vasto insidens: facies eius leonina, rubicunda valde cum oculis flammeis: graviter loquitur: hominem reddit admirabilem in astronomia & in omnibus artibus liberalibus: confert bonam familiam; Dominatur triginta sex legionibus.

ALLOCER est un grand et puissant Duc. Il apparaît comme un soldat monté sur un grand cheval. Il a un visage de lion, très rouge, et avec des yeux flamboyants; il parle d'une voix grave. Il rend l'homme admirable en astronomie et dans tous les arts libéraux; il confère de bons familiers. Il commande trente-six légions.

Zaleos magnus comes.

Zaleos magnus Comes: apparet ut miles pulcherrimus in crocodilo equitans, & ducali ornatus corona, pacificus, &c.

SALEOS est un grand Comte. Il apparaît comme un très beau soldat, monté sur un crocodile, et orné d'une couronne ducale, paisible, &c. [Il fait naître l'Amour des Femmes chez les Hommes, et celui des Hommes chez les Femmes ; et gouverne 30 Légions d'Esprits.][25]

---

25 Complété d'après l'*Ars Goetia*.

Vual Dux magnus.

Vual Dux magnus & fortis : conspicitur ut dromeda-rius magnus ac terribilis : at in humana forma linguam sonat Ægyptiacam graviter. Hic præ cæteris amorem maximè mulierum conciliat : inde novit præsentia, præterita & futura : confert & gratiam amicorum atque inimicorum. De ordine fuit potestatum. Triginta septem legiones gubernat.

VUALL est un grand et puissant Duc. Il se montre comme un grand et terrible dromadaire ; mais sous forme humaine, il parle d'une voix grave la langue égyptienne. C'est lui, plus que tous les autres, qui conquiert l'amour particulier des femmes. Il connaît les choses présentes, passées et à venir ; il accorde aussi la faveur des amitiés et des ennemis. Il était de l'ordre des Puissances. Il gouverne trente-sept légions.

Haagenti magnus præses.

Haagenti magnus Præses: ut taurus videtur, habens alas gryphi: sed assumpta facie humana, reddit hominem ingeniosum in quibuslibet: cuncta metalla in aurum transmutat, aquam in vinum, & ediversò. Tot legionibus imperat, quot Zagan.

HAAGENTI est un grand Président. Il apparaît comme un grand taureau, ayant des ailes de griffon ; mais lorsqu'il prend une forme humaine, il rend l'homme ingénieux en toutes choses. Il transmute tous les métaux en or, l'eau en vin, et vice-versa. Il commande autant de légions que *Zagan*[26].

---

26 Trente-trois.

Phœnix magnus marchio.

Phœnix magnus Marchio: apparet uti avis phœnix puerili voce: sed antequam se sistit coram exorcista, cantus emittit dulcissimos: tunc autem cavendum exorcistæ cum suis sociis, ne suavitati cantus aures accommodent, sed ille mox huic iubeat humanam assumere speciem, tunc mirè loquetur de cunctis scientijs admirandis. Poeta est optimus & obediens. Sperat se post mille ducentos annos ad septimum thronum rediturum. Viginti præest legionibus.

PHŒNIX est un grand Marquis, apparaissant comme l'oiseau *Phœnix*, ayant une voix d'enfant ; mais avant de se présenter devant l'exorciste, il émet des chants très doux. Alors l'exorciste et ses compagnons doivent prendre garde, de peur que leurs oreilles ne s'habituent à la douceur des mélodies, mais il lui ordonnera de revêtir peu à peu une forme humaine ; alors il parlera merveilleusement de toutes les magnifiques sciences. C'est un excellent poète et très obéissant. Il espère revenir sur le Septième Trône après mille deux cents ans. Il commande vingt légions.

Stolas magnus princeps.

Stolas magnus Princeps : prodit forma nycticoracis : coram exorcista hominis simulachrum suscipit, docetque absolutè astronomiam. Herbarum & lapidum pretiosorum vires intelligit. Viginti sex legiones huic subiacent.

STOLAS est un grand Prince, apparaissant sous la forme d'un corbeau de nuit. Face à l'exorciste, il prend la forme d'un homme, et lui enseigne absolument l'astronomie. Il connaît les pouvoirs des herbes et des pierres précieuses. Vingt-six légions lui sont soumises.

Legio 6666.

Secretum secretorum tu operans sis secretus horum.

Une légion vaut 6666 individus.

Le secret des secrets ; toi qui les œuvres, sois secret en eux.

[Horae observandae sunt, quibus Spiritus principes citari, cogendi, obligari possunt.]

BSERVA *horas in quibus quatuor reges, scilicet Amoymon rex Orientalis, Gorson rex Meridionalis, Zymymar rex Septentrionalis, Goap rex & princeps Occidentalis possunt constringi, à tertia hora usque ad meridiem, à nona hora usque ad vesperas.*

Item Marchiones à nona usque ad completorium, vel à completorio usque ad finem diei.

Item Duces à prima usque ad meridiem: & observatur cœlum clarum.

Item Prælati in aliqua hora diei.

Item Milites ab aurora usque ad ortum solis, vel à vesperis usque ad finem solis.

Item Præses in aliqua hora diei non potest constringi, nisi rex cui paret, invocaretur, & nec in crepusculo noctis.

Item Comites omni hora diei, dum sunt in locis campestribus vel sylvestribus, quò homines non solent accedere, &c.

*[Heures à observer où les principaux Esprits
peuvent être évoqués, à savoir, contraints et liés.]*

BSERVEZ les heures pendant lesquelles les quatre rois, à savoir *Amaymon* Roi de l'Est, *Gorson* Roi du Sud, *Zimimar* Roi du Nord, *Goap* Roi et Prince de l'Ouest peuvent être contraints, de la troisième heure jusqu'à midi, et de la neuvième heure jusqu'aux Vêpres.

Les Marquis peuvent être contraints de la neuvième heure jusqu'aux Complies, et des Complies jusqu'à la tombée du jour.

Les Ducs peuvent être contraints de la première heure jusqu'à midi ; et un ciel dégagé doit être observé.

De même, les Puissances à toute heure de la journée.

Les Chevaliers, de l'aube jusqu'au lever du soleil ; ou des Vêpres jusqu'au coucher du soleil.

De même, un Président ne peut être contraint à aucune heure de la journée, à moins que le Roi auquel il obéit ne soit invoqué, et non au crépuscule de la nuit.

Les Comtes à toute heure du jour, que ce soit dans les bois ou les champs, où les hommes n'ont pas l'habitude de s'approcher, etc.

Citatio Prædictorum Spirituum.

UBI *quem volueris spiritum, huius nomen & officium suprà cognosces: inprimis autem ab omni pollutione, minimum tres vel quatuor dies mundus esto in prima citatione, sic & spiritus postea obsequentiores erunt: fac & circulum, & voca spiritum cum multa intentione: primùm verò annulum in manu contineto: inde hanc recitato benedictionem tuo nomine & socij, si præsto fuerit, & effectum tui instituti sortieris, nec detrimentum à spiritibus senties:*

In nomine Domini nostri Iesu Christi ✠ patris & ✠ filii & ✠ spiritus sancti: sancta trinitas & inseparabilis unitas te invoco, ut sis mihi salus & defensio & protectio corporis & animæ meæ, & omnium rerum mearum. Per virtutem sanctæ crucis ✠ & per virtutem passionis tuæ deprecor te domine Iesu Christe, per merita beatissimæ Mariæ virginis & matris tuæ atque omnium sanctorum tuorum, ut mihi concedas gratiam & potestatem divinam super omnes malignos spiritus, ut quoscunque nominibus invocavero, statim ex omni parte

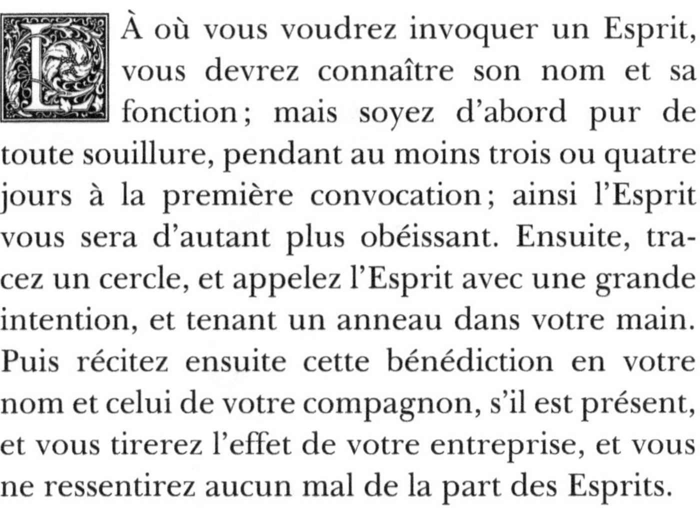

À où vous voudrez invoquer un Esprit, vous devrez connaître son nom et sa fonction ; mais soyez d'abord pur de toute souillure, pendant au moins trois ou quatre jours à la première convocation ; ainsi l'Esprit vous sera d'autant plus obéissant. Ensuite, tracez un cercle, et appelez l'Esprit avec une grande intention, et tenant un anneau dans votre main. Puis récitez ensuite cette bénédiction en votre nom et celui de votre compagnon, s'il est présent, et vous tirerez l'effet de votre entreprise, et vous ne ressentirez aucun mal de la part des Esprits.

Au nom de Notre-Seigneur Jésus-Christ, le ✠ Père ✠ et le Fils ✠ et le Saint-Esprit ✠ Sainte Trinité et unité indivisible, je t'invoque, afin que tu sois mon salut, ma défense, et la protection de mon corps et de mon âme, et de tous mes biens. Par la vertu de ta sainte Croix ✠ et par la vertu de ta passion ; je t'implore, O Seigneur Jésus-Christ,

conveniant, & voluntatem meam perfectè adimpleant, quòd mihi nihil nocentes, neque timorem inferentes, sed potius obedientes & ministrantes, tua districtè virtute præcipiente, mandata mea perficiant, Amen.

Sanctus sanctus sanctus dominus Deus Sabaoth, qui venturus es iudicare vivos & mortuos: tu qui es alpha & Ω, primus & novissimus, Rex regum & dominus dominantium Ioth Aglanabrath El abiel anathi Enathiel Amazin sedomel gayes tolima Elias ischiros athanatos ymas heli Messias, per hæc tua sancta nomina & per omnia alia invoco te & obsecro te domine Iesu Christe, per tuam nativitatem, per baptismum tuum, per passionem & crucem tuam, per ascensionem tuam, per adventum spiritussancti paracliti, per amaritudinem animæ tuæ; quando exivit de corpore tuo, per quinque vulnera tua, per sanguinem & aquam, quæ exierant de corpore tuo, per virtutem tuam, per sacramentum quod dedisti discipulis tuis pridie quàm passus fuisti: per sanctam trinitatem, per individuam vnitatem, per beatam Mariam matrem tuam, per angelos & archangelos, per prophetas & patriarchas, & per omnes sanctos tuos, & per omnia sacramenta quæ fiunt in honore tuo: adoro te & obsecro te, benedico tibi & rogo, ut acceptes orationes has & coniurationes & verba oris mei, quibus uti voluero. Peto Domine Iesu Christe, da mihi virtutem & potestatem tuam super omnes angelos tuos, qui de cœlo eiecti sunt ad de-

par les mérites de la bienheureuse Vierge Marie, ta Mère et de tous tes Saints, que tu m'accordes la grâce et la puissance divine sur tous les Mauvais Esprits, afin que quiconque j'invoquerai par son nom, puisse immédiatement venir de toute côte, et accomplir parfaitement ma volonté; qu'ils ne me causent ni mal ni frayeur, mais plutôt qu'ils soient obéissants et diligents à mon égard, et par ton strict pouvoir les dirigeant, qu'ils accomplissent mes commandements. Amen.

Saint, saint, saint, Seigneur Dieu Sabaoth, qui viendra juger les vivants et les morts, toi qui es A et Ω, le premier et le dernier, Roi des rois et Seigneur des seigneurs, *Ioth, Aglanabrath, El, Abiel, Anathi, Enathiel, Amazin, Sedomel, Gayes, Tolima, Elias, Ischiros, Athanatos, Ymas, Heli, Messias.* Par tes Saints Noms, et par tous les autres, je t'invoque et te supplie, O Seigneur Jésus-Christ, par ta Nativité et ton Baptême, par ta Passion et ta Croix, par ton Ascension, par la venue du Saint-Esprit, par l'Amertume de ton âme lorsqu'elle quitta ton corps, par tes Cinq Plaies, par le Sang et l'Eau qui sortirent de ton corps, par ta Puissance, par le Sacrement que tu as donné à tes Disciples la veille de ta souffrance, par la Sainte Trinité, par l'Unité Indivisible, par la bienheureuse Marie ta Mère, par les Anges et les

cipiendum genus humanum, ad attrahendum eos, ad constringendum, ad ligandum eos pariter & solvendum: & ad congregandum eos coram me, & ad præcipiendum eis ut omnia, quæ possunt, faciant, & verba mea vocemque meam nullo modo contemnant: sed mihi & dictis meis obediant, & me timeant, per humanitatem & misericordiam & gratiam tuam deprecor & peto te adonay amay hortan vegedora mytay hel suranat ysion ysyesy & per omnia nomina tua sancta, per omnes sanctos & sanctas tuas, per angelos & archangelos, potestates, dominationes & virtutes, & per illud nomen per quod Salomon contringebat dæmones, & conclusit ipsos Elhroch eban her agle goth ioth othie venoch nabrat, & per omnia sacra nomina quæ scripta sunt in hoc libro, & per virtutem eorundem, quatenus me potentem facias congregare & constringere omnes tuos spiritus de cælo depulsos, ut mihi veraciter de omnibus meis interrogatis, de quibus quæram, responsionem veracem tribuant, & omnibus meis mandatis illi satisfaciant sine læsione corporis & animæ meæ & omnium ad me pertinentium, per Dominum nostrum Iesum Christum filium tuum, qui tecum vivit & regnat in unitate spiritussancti Deus per omnia secula.

O pater omnipotens, ô fili sapiens, ô spiritus sancte corda hominum illustrans, ô vos tres in personis, una vera deitas in substantia: qui Adam & Evæ in peccatis eorum pepercistis, & propter eorum peccata mortem

Archanges, par les Prophètes et les Patriarches, et par tous tes Saints, et par tous les Sacrements qui sont faits en ton honneur : je t'adore et te supplie, je te bénis et je te demande d'accepter ces prières et ces conjurations et les paroles provenant de ma bouche que je désire utiliser. Je te demande, O Seigneur Jésus-Christ, de m'accorder ton autorité et ta puissance sur tous tes Anges qui furent expulsés des cieux pour séduire le genre humain, de les attirer à moi, de les contraindre et de les lier, et aussi de les délier, de les rassembler devant moi, et de leur commander de faire tout ce qui est en leur pouvoir, et qu'en aucun cas ils ne méprisent mes paroles et ma voix ; mais qu'ils m'obéissent et suivent mes directives, et qu'ils me craignent, par ton humanité, ta miséricorde et ta grâce, et je te supplie, *Adonay Amay Hortan Vegedora Mytay Hel Suranat Ysion Ysyesy*, et par tous tes Saints Noms, et par tous tes Saints et Saintes, par tous tes Anges et Archanges, Puissances, Dominations et Vertus, et par ce Nom par lequel *Salomon* a contraint les Démons, et les a enfermés, *Elhroch, Eban, Her, Agle, Goth, Ioth, Othie, Venoch, Nabrat*, et par tous tes Saints Noms qui sont écrits dans ce Livre, et par leur vertu, que tu m'accordes le pouvoir de rassembler et de contraindre tous tes Esprits expulsés

subijsti tu fili turpissimam, in lignoque sanctæ crucis sustinuisti: ô misericordissime, quando ad tuam confugio misericordiam, & supplico modis omnibus quibus possum, per hæc nomina sancta tui filij, scilicet alpha & Ω, & per omnia alia sua nomina, quatenus concedas mihi virtutem & potestatem tuam, ut valeam tuos spiritus qui de cœlo eiecti sunt, ante me citare, & ut ipsi mecum loquantur, & mandata mea perficiant statim & sine mora, cum eorum voluntate, sine omni læsione corporis, animæ & bonorum meorum, &c. Continua ut in libro Annuli Salomonis continetur.

O summa & æterna virtus Altissimi, qui te disponente his iudicio vocatis vaycheon stimulamaton ezphares tetragrammaton olyoram irion esytion existion eryona onela brasym noym messias sother emanuel sabaoth adonay, te adoro, te invoco, totius mentis viribus meis imploro, quatenus per te præsentes orationes & consecrationes & coniurationes consecrentur videlicet, & ubicunque maligni spiritus in virtute tuorum nominum sunt vocati, & omni parte conveniant, & voluntatem mei exorcisatoris diligenter adimpleant, fiat fiat fiat, Amen.

des cieux, afin qu'ils me donnent une réponse véridique à toutes mes questions, sur lesquelles je peux les interroger, et qu'ils satisfassent tous mes commandements, sans nuire à mon corps, à mon âme et à toute chose qui m'appartient, par Notre-Seigneur Jésus-Christ ton Fils, qui vit et règne avec toi dans l'unité du Saint-Esprit, un seul Dieu, pour les siècles des siècles.

O Père Tout-Puissant, ô Fils sage, ô Saint-Esprit, qui scrutent le cœur des hommes, ô vous trois en un, une seule vraie divinité en substance ; qui a gracié Adam et Ève dans leurs péchés ; ô toi le Fils, qui est mort pour leurs péchés d'une mort des plus atroces, l'endurant sur la Sainte Croix ; ô toi Très-Miséricordieux, lorsque je me réfugie dans ta miséricorde, et te supplie de toutes les manières possibles, par ces Saints Noms de ton Fils, à savoir, A et Ω, et tous ses autres Noms, accorde-moi ta vertu et ta puissance, afin que je puisse convoquer devant moi tes Esprits, lesquels furent expulsés des cieux, et afin qu'ils puissent s'entretenir avec moi, et exécuter mes ordres immédiatement et sans délai, selon ma volonté, et sans nuire à mon corps, à mon âme, ou biens, &c. — Suite comme cela est contenu dans le Livre *Annulus Salomonis*.

Hæc blasphema & execranda huius mundi fæx &
sentina pœnam in magos prophanos bene
constitutam, pro scelerato mentis
ausu iure meretur.

FINIS.

O Grande et Éternelle Vertu du Très-Haut, qui par ta disposition ces jugements appellent *Vaycheon, Stimulamaton, Ezphares, Tetragrammaton, Olyoram, Irion, Esytion, Existion, Eryona, Onela, Brasym, Noym, Messias, Sother, Emanuel, Sabaoth, Adonay,* je t'adore, je t'invoque, je t'implore de toute la force de mon esprit, afin que par toi, mes prières, consécrations et conjurations actuelles soient sanctifiées ; et qu'importe où les Mauvais Esprits sont appelés, en vertu de tes Noms, puissent-ils venir se rassembler de toutes les côtes, et accomplir diligemment ma volonté, moi l'exorciste. *Fiat, fiat, fiat, Amen.*

Cette partie blasphématoire et exécrable de ce
monde mérite à juste titre le châtiment
bien établi contre les magiciens
profanes pour leur audace
criminelle de l'esprit.

FIN.

Appendice i

Le Livre des Esperitz
ɞ *circa fin XVᵉ siècle* ʗ

Livre des Esperitz

*Transcrit par une main anonyme sur parchemin.
Ms. Cambridge, Trinity College O.8.29, f°s 179^r-182^v.*

y commence le *Livre des esperitz, lequel fut manifesté au saige Salomon* a les contraindre en terre et faire obeïr a la volenté humaine, car avant que la science fut trouvee, monstree ne manifestee et revelee audit Salomon, les esperitz faisoi[e]nt trop de maulx et de pestilences sur terre et destrusoi[e]nt plusieurs biens de ce monde, et a humain lignaige faisoi[e]nt plusieurs persecusions; et pour ce que la misericorde de Dieu dona audit Salomon le benefice de ceste saincte science a contraindre lesdits esperitz et faire obeÿr a humaine creature, adfin que leur malice ne regnast plus sur la terre crestienne.

Au commancement du Livre, seront mis les noms des esperitz qui sont gouverneurs et maistres de touz les aultres esperitz; de la region et office de *Lucifer*; de l'office de *Bezlebut*; de *Satan*;

des quatre esperitz qui sont gouverneurs des quatre regions et parties du monde, c'est assavoir de l'esperit qui est appellé *Orient*, de *Poymon*, d'*Equi* ; de *Veal*, le grant roy ; de *Agarat*, duc ; de *Barbas*, prince ; de *Bulfas*, prince ; de *Amon*, marquis ; de *Batal*, conte ; de *Gemen*, roy ; de *Gazon*, duc ; de *Artis*, prince ; de *Machin*, duc ; de *Dicision*, roy ; de *Abugor*, duc ; de *Vipos*, conte ; de *Cerbere*, marquis ; de *Carmola*, prince ; de *Estor*, duc ; de *Coap*, prince ; de *Deas*, duc ; de *Asmoday*, roy ; de *Bitur*, marquis ; de *Beal*, duc ; de *Forcas*, prince ; de *Furfur*, conte ; de *Margotias*, marquis ; de *Oze*, prince ; de *Lucay*, marquis ; de *Pucel*, duc ; de *Jayn*, conte ; de *Suralet*, duc ; de *Zagon*, roy ; de *Dragon*, prince ; de *Parcas*, prince ; de *Gorsin*, duc ; de *Andralfas*, marquis ; de *Flanos*, duc ; de *Brial*, roy ; de *Fenix*, marquis ; de *Distolas*.

Lucifer fut moult bel et de telle stature, quoy sont les aultres bons angelz, et ne demoura mye aux cieulx par l'espace de une heure, car il se enorguillit en regardant et contemplant sa belle grant beaulté en laquelle il fut fourmé ; et touz ceulz qui furent panssantz mal avecque luy furent gectés en Enfer en confusion. Et faict ledit *Lucifer*, sellon que dient les docteurs de nigromance, et ledit *Lucifer* preside en Enfer et touz lesdits esperitz d'Enfer oboÿssans a luy comme souverain d'Enfer.

Gay, grant et maulvais esperit, est appellé *Bezlebut*h, et fut appellé devant le temps de Salomon *Anthaon*, et est le plus grant d'Enfer aprés *Lucifer*, et doibt on savoir qu'il regne aux parties d'orient, et celuy qui l'appelle doibt tenir son visaige vers orient et il aparoistra a luy en belle figure et semblance. Il enseigne toutes sciences et donne or et argent a ceulx qui le contraignent a venir, et donne vroye responce de ce que on luy demande, et revele les secretz d'Enfer si on luy demande, et enseigne veritablement les choses mucees en terre et en mer, et si magnifeste touz tresors qui sont en terre reposantz, et garde des aultres espritz, et doibt estre appellé par beau temps.

Le tiers esperit est appellé *Satan*, lequel fut fourmé aprés *Lucifer*, et converse en l'air pres de nous. Iceluy *Sathan* appiert en gracieuse semblance et habite en septentrion. Celuy qui l'appelle doibt avoir son visaige vers septentrion. Icelluy apiert et a puissance de defformer touz homes et femmes se on luy commande, et se apparoille a faire touz maulx si luy est commandé.

Des quatre esperitz principaulx seront dits les offices en ceste partie, dont le premier ensuit :

Sequitur de primo

Le premier est appellé *Orient* et habite en orient. Il tient le nom de la partie du monde.

Pro secundo

Le second est appellé *Poymon* et habite en occident.

Pro tertio

Le tiers est appellé *Amoymon* et habite es parties meridionales.

Pro quarto

Le quart est appellé *Equi* et habite es parties de septentrion.

Officium primi

L'office du premier qui est appellé *Orient*, est de respondre verité de ce que on luy demande, et si a puissance de consorter touz esperitz et les enseigner a faire, et si apprant au maistre qui le contrainct toute phisicque ; et a dessoubz luy cent legions d'angelz ou de maulvais esperitz.

Poymon

Poymon appiert en semblance de femme co-
ronnee, moult resplendissante, et chevaulche ung
dramagdonere [sic]. Celuy qui le contrainct doibt
avoir son visaige vers occident, et il dict verité de
ce que on luy demande et apprant toutes sciences
au maistre, et manifeste toutes choses mucees, et
donne dignités et grandes seigneuries, et faict venir a mercy touz les malveillantz du maistre plai-
nement; et est seigne[u]r de XXV legions.

Aymoymon

Aymoymon est roy et appiert en semblance de
demye home et a longue barbe, et porte a son
chieff une coronne tres clere, et ayme que on
luy face sacriffice, et donne vroye responce de ce
que on luy demande ou concede, et donne sou-
venance de toutes sciences et donne grandes dignités en terre et les conferme, et donne bone
maniere de bon sens; et a X legions.

Beal

Beal est ung grant roy qui est dessoubz et
est subgect a *Orient*, qui est grant et faict home
invisible merveilleusement, et donne sa grace a
toutes choses; et soubz luy a seix legions.

Agarat

Agarat est duc et appiert benignement, en semblance de home vieulx, et enseigne touz langaiges et donne seigneuries et grandes dignités en terre ; et soubz luy a XXXVI legions.

Barthas

Barthas est ung grant prince qui appert en belle figure. Son office est donner responce de ce que on luy demande, et enseigne les choses mucees, et enseigne auxi et faict aux gens ce que on luy demande, et faict home en quelque figure que le maistre vieult, et enseigne parfaictement astronomye ; et a dessoubz luuy XXXVI legions.

Bulfas

Bulfas est ung grant prince. Son office est de faire discordez et batailles, et quant il est bien contrainct, il rend bone responce de ce que on luy demande ; et a dessoubz luy XXXVI legions.

Amon

Amon est un grant marquis qui appiert en semblance d'une pucelle. Son office est de dire verité des choses passees et advenir en terre, et toute personne de qui on vieult avoir l'amour, il le faict avoir ; et a soubz luy XL legions.

Barbas

Barbas est ung prince qui monstre a entendre le son des oyseaulx et la voix des chiens, et manifeste toutes choses mucees en terre, et les apporte si on luy commande ; et a XXXVI legions.

Gemer

Gemer est un grant roy. Son office est de enseigner la vertu des herbes et toutes sciences, et guerir ceulx qui sont malades quant on luy commende, et aussi faict les gens malades ; et dessoubz luy a XL legions.

Gazon

Gazon est ung gant duc qui donne vroye responce des choses passes et advenir et des choses presentes, et donne grace et amour envers toutes personnes sur terre, et faict monter en grantz honneurs et dignités ; et a XL legions.

Artis

Artis est un grant duc et [a] deux coronnes et une espee en la main. Son office est de respondre de toutes choses que on luy vieult demander et enseigner les choses mucees, et donne bone amour et grace envers toutes persones ; et a XXXVI legions.

Machin

Machin est ung grant duc qui est en similitude et semblance d'un home fort, et enseigne la vertu des herbes et des pierres precieuses, et porte le maistre de region en region partout ou le maistre vieult; et a XXXVII legions.

Diusion

Diusion est ung grant roy qui appiert en semblance d'un bel home, et donne vroye responce de ce que on luy demande, et si va querir les tresors mucés en terre quant on luy commande; et a XXIIII legions.

Abugor

Abugor est ung grant duc qui appert en semblance d'un beau chevalier, et donne vroye responce de ce que on luy demande et des choses mucees en terre, et donne bone grace envers roys et aultres seigneurs; et a XXVII legions.

Vipos

Vipos est un grant conte qui appert en semblance d'un ange, et faict home saige et hardy, et dit verité de ce que on luy demande; et a XXV legions.

Cerbere

Cerbere est un grant marquis qui donne parfaict entendement en toutes sciences, et faict home moult grant en honeurs et richesses; et a XIX legions.

Carmola

Carmola est un grant prince qui donne entendement des oyseaulx et a attraper les larrons et meurdriers quant on luy commande. Il faict gens invisibles et dict verité de ce que on luy demande; et a XXVI legions.

Salmatis

Salmatis est ung grant marquis qui appert en semblance d'un chevalier armé, et faict home en quelque semblance qu'il vieult, et si ediffie forteresses, ediffices, chasteaulx et villes quant on luy commande; et faict apparoir grandes playes en quelque personne; et a L legions.

Coap

Coap est ung grant prince qui faict avoir femmes et les faict venir la ou l'on vieult et les faict horchaingnes si on luy commande; et [a] XXVII legions.

Drap

Drap est ung grant duc qui parle bassement et bletzce [sic] la veue et l'ouye quant on luy commande ; et a IIIIxx legions.

Asmoday

Asmoday est un grant roy qui donne ung annel qui [a] si grant vertu qu'il faict celuy qui le porte eureux en toutes choses du monde, et donne vroye responce de ce que on luy demande ; et a soubz luy XII legions.

Caap

Caap est un grant prince qui appiert en forme d'un chevalier et donne vroye responce de ce que on luy demande, et apporte or et argent de quelque lieu que on luy commande ; et a soubz luy XX legions.

Bune

Bune est ung grant duc qui faict les corps aler et venir d'un lieu en aultre chemyner, et faict home riche et parler saigement devant toutes gens, et donne vroye responce de ce que on luy demande ; et a XXXV legions.

Bitur

Bitur est ung grant marquis qui apert en forme d'ung beau jouvencel et donne l'amor des femmes de quelque lieu que elles soi[e]nt, et destruict villes et chasteaulx si le maistre luy commande, et faict depposer de ses grantz honeurs et dignités de ce monde si le maistre luy commande ; et a XXXVI legions.

Lucubar

Lucubar est ung grant duc qui faict home subtil et plain de grant engyn, et faict muer le plomb en or et l'estaign [sic] en argent, en quelque maniere que on vieult.

Bugan

Bugan est ung grant roy qui faict home saige et faire touz manieres de metaulx muer en quelconque maniere que on vieult, l'eau muer en vin ou en huille ; et a XXXIIII legions.

Parcas

Parcas est ung grant prince qui faict home subtil. Il apert en belle figure. Il congnoist la vertu des herbes et des pierres precieuses et les apporte quant on luy commande, et faict home invisible et saige en toutes sciences, et faict home devenir jeune ou vieulx, lequel que on vieult, et faict recouvrir la veue quant on l'a perdue. Et si apporte l'or et l'argent qui est mucé en terre et toutes aultres choses, et porte le maistre par tout le monde si on luy commande, et toutes aultres personnes si le maistre luy commande; et a soubz luy XXX legions.

Flavos

Flavos est un grant duc qui donne vroye responce de ce que on luy demande, et destruict touz les adversaires du maistre qui le contrainct; et a XX legions.

Vaal

Vaal est un grant roy qui donne toutes responces que on luy demande en ce munde, et donne seigneuries, dignités, bone grace envers toutes gens, et si disperze ignelement ce que on luy commande; et a XXXIX legions.

Fenix

Fenix est un grant marquis qui appert en belle figure, et a la voix moult doulce, et si est courtoys et tres oboïssant a toutes les choses que on

luy vieult demander ou commander, et si les faict
ignelement et sans dilacion ; et a XXV legions.

Distolas

Distolas est ung grant marquis qui appert en
belle figure et donne voluntiers responce de ce
que on luy demande et commande, et si apporte
pierres si on luy commande, et donne au maistre
ung cheval qui le porte en une heure cent ou
deux ou trois centz lieues ou plus ; et a XX legions.

Berteth

Berteth est ung grant duc qui appiert en belle
figure et a une couronne. Il donne vroye responce de ce que on luy demande, et si enseigne
a convertir touz manieres de metaux en or ou en
argent, et donne seigneuries et conferme si on
luy demande ; et a XXVI legions.

Dam

Dam est ung grant conte qui appert en belle
figure, qui apporte or et argent et toutes aultres
choses si on luy commande, et faict mourir ou
languir toutes personnes que on luy commande.
Et si dict touz les secretz des femmes, et si les faict
despouiller et dancer toutes nues ; et a XXV legions.

Furfur

Furfur est ung grant conte qui appert en guyse d'ung ange et faict avoir l'amor de toutes gens, et faict home saige en astronomie et philosophie.

Forcas

Forcas est ung grant prince qui enseigne la vertu des herbes et des pierres precieuses, et faict estre invisible et estre saige et bien parlant a toutes gens, et si apporte tresors mucés en terre quant on luy commande ; et a XXX legions.

Malpharas

Malpharas est ung grant seigneur qui ediffie tours et chasteaulx, pontz sur eaues quant on luy commande, et abbatt [sic] et confont soi[e]nt gens, chasteaulx ou aultres forteresses, et porte d'un lieu en aultre si on luy commande, et oboïst et est courtaix [sic] au maistre qui le contrainct a faire lesdictes choses ; et a XXX legions.

Gorsay

Gorsay est ung grant duc qui faict ung home bon oupvrier en ses besoignes et en ses ditz. Il prant larrons et meurdriers et les amaine la ou

on luy commende, et faict souffrir paine et tour-
mant a quelque que l'on vieult; et a XV legions.

Samon

Samon est ung grant roy qui appert en semblance d'une belle pucelle. Il donne responce de
ce que on luy demande. Il ensaigne les biens et
les tresors qui sont mucés et faict avoir l'amour
de toutes roynes et femmes parfaictement, soi[e]
nt pucelles ou non; et a XXV legions.

Tudiras Hoho

Tudiras Hoho est un grant marquis qui appert
en semblance d'une belle pucelle et faict home
saige en toutes sciences, et si le mue en maniere
d'oysel; et a XXXI legion[s].

Oze

Oze est ung grant marcquis qui donne bone
responce de ce que on luy demande, et si faict
home muer de figure en aultre, et si faict une
chose aparoir aultrement qu'il n'est, et si faict
une poigne d'estrain estre ung grant cheval et
ung festu estre scainture d'or ou d'argent, et faict
les gens forcenés quant on luy commande; et [a]
XXV legions.

Ducay

Ducay est un grant marquis qui apert moult benigenment et donne l'amour des femmes et faict entendre touz langaiges, et porte de lieu en aultre lieu; et a XXV legions.

Bucal

Bucal est un grant duc qui apert en guyse d'ange et done vroye reponse de ce que on luy demande, et faict aparoir grandes eaues et abysmes en l'air, combien qu'ilz n'y soi[e]nt point; et a XXVIII legions.

Finis. Laudat opus.

Adsit in principio sancta Maria meo.

Appendice ii

The Discoverie of Witchcraft
❧ 1584 ❧

The xv. Booke.

The first Chapter.

*The exposition of Iidoni, and where it is found, whereby
the whole art of conjuration is deciphered.*

HIS word *Iidoni* is derived of *Iada*, which properlie signifieth to knowe: it is sometimes translated, *Divinus*, which is a divinor or soothsaier, as in *Deut*. 18. *Levit*. 20: sometimes *Ariolus*, which is one that also taketh upon him to foretell things to come, and is found *Levit*. 19. 2. *Kings*. 23. *Esai*. 19. To be short, the opinion of them that are most skilfull in the toongs, is, that it comprehendeth all them, which take upon them to knowe all things past and to come, and to give answers accordinglie. It alwaies followeth the word *Ob*, and in the scriptures is not named severallie from it, and differeth little from the same in sense, and doo both concerne oracles uttered by spirits, possessed people, or couseners. What will not couse-

Le xv. Livre.

Le premier Chapitre.

La révélation de l'Iidoni, et où elle se trouve, par laquelle tout l'Art de la conjuration est déchiffré.

E mot *Iidoni* est dérivé de *Iada*, qui signifie proprement *connaître* : il est parfois traduit par *Divinus*, qui est un oracle ou un devin, comme dans *Deut.* 18. *Lévit.* 20 : parfois *Ariolus*, qui est aussi celui qui prend la responsabilité de prédire les choses à venir, et se trouve dans *Lévit.* 19. 2. *Rois.* 23. *Ésaïe* 19. Pour être bref, l'opinion de ceux qui sont les plus habiles avec les langues, est, qu'elle les comprend tous, eux qui prennent la charge de connaître toutes les choses passées et à venir, et de donner des réponses en conséquence. Il suit toujours le mot *Ob*, et dans les Écritures n'en est pas nommé séparément, et diffère que peu du même sens, et concerne tous deux des oracles prononcés par des Esprits, des personnes possé-

ners or witches take upon them to doo? Wherein will they professe ignorance? Aske them anie question, they will undertake to resolve you, even of that which none but God knoweth. And to bring their purposes the better to passe, as also to winne further credit unto the counterfet art which they professe, they procure confederates, whereby they worke wonders. And when they have either learning, eloquence, or nimblenesse of hands to accompanie their confederacie, or rather knaverie, then (forsooth) they passe the degree of witches, and intitle themselves to the name of conjurors. And these deale with no inferiour causes: these fetch divels out of hell, and angels out of heaven; these raise up what bodies they list, though they were dead, buried, and rotten long before; and fetch soules out of heaven or hell with much more expedition than the pope bringeth them out of purgatorie. These I saie (among the simple, and where they feare no law nor accusation) take upon them also the raising of tempests, and earthquakes, and to doo as much as God himselfe can doo. These are no small fooles, they go not to worke with a baggage tode, or a cat, as witches doo; but with a kind of majestie, and with authoritie they call up by name, and have at their commandement seventie

dées ou des imposteurs. Que ne feraient pas les fraudeurs ou les sorcières pour prendre sur eux ? En quoi professeront-ils l'ignorance ? Posez-leur n'importe quelle question, ils s'engageront à vous résoudre, même de ce que personne d'autre que Dieu ne connaît. Et pour mieux concrétiser leurs desseins, de même que pour gagner plus de crédit à l'art de la contrefaçon qu'ils professent, ils se procurent des alliés, par lesquels ils font des merveilles. Et lorsqu'ils possèdent l'érudition, l'éloquence ou de l'agilité des mains pour accompagner leur alliance, ou plutôt leur malhonnêteté, alors (effectivement) ils obtiennent le degré de sorcières, et s'accordent le titre de conjureurs. Et ceux-ci ne traitent de causes inférieures : ceux-ci extirpent les Démons de l'enfer, et les Anges des cieux ; ceux-ci ressuscitent les corps qu'ils évoquent, bien qu'ils soient morts, enterrés et depuis longtemps pourris ; et vont chercher les âmes des cieux ou de l'enfer avec beaucoup plus de rapidité que le pape ne les fait sortir du purgatoire. Ceux-ci, dis-je (parmi les ignorants, et là où ils ne craignent ni loi ni accusation) prennent également la charge de provoquer les tempêtes et les tremblements de terre, et d'accomplir tout ce que Dieu lui-même peut faire. Ce ne sont pas de simples idiots, ils ne vont pas travailler avec

and nine principall and princelie divels, who have under them, as their ministers, a great multitude of legions of pettie divels; as for example.

un crapaud ou un chat, comme le font les sorcières, mais avec une sorte de majesté ; et avec autorité, ils appellent par leurs noms, et ont à leur commandement soixante-dix-neuf Démons principaux et princiers, qui ont sous leur pouvoir, comme subalternes, une grande multitude de légions de Démons mineurs ; comme par exemple.

The second Chapter.

*An inventarie of the names, shapes, powers, governement,
and effects of divels and spirits, of their severall segniories
and degrees: a strange discourse woorth the reading.*

HEIR first and principall king (which
is of the power of the east) is called
Baell; who when he is conjured up,
appeareth with three heads; the first,
like a tode; the second, like a man; the third, like
a cat. He speaketh with a hoarse voice, he maketh
a man go invisible, he hath under his obedience
and rule sixtie and six legions of divels.

The first duke under the power of the east,
is named *Agares*, he commeth up mildlie in the
likenes of a faire old man, riding upon a crocodile, and carrieng a hawke on his fist; hee teacheth presentlie all maner of toongs, he fetcheth
backe all such as runne awaie, and maketh them
runne that stand still; he overthroweth all dignities supernaturall and temporall, hee maketh
earthquakes, and is of the order of vertues, having under his regiment thirtie one legions.

Marbas, alias Barbas is a great president, and
appeareth in the forme of a mightie lion; but at

the commandement of a conjuror commeth up in the likenes of a man, and answereth fullie as touching anie thing which is hidden or secret: he bringeth diseases, and cureth them, he promoteth wisedome, and the knowledge of mechanicall arts, or handicrafts; he changeth men into other shapes, and under his presidencie or gouvernement are thirtie six legions of divels conteined.

Amon, or *Aamon*, is a great and mightie marques, and commeth abroad in the likenes of a woolfe, having a serpents taile, spetting out and breathing flames of fier; when he putteth on the shape of a man, he sheweth out dogs teeth, and a great head like to a mightie raven; he is the strongest prince of all other, and understandeth of all things past and to come, he procureth favor, and reconcileth both freends and foes, and ruleth fourtie legions of divels.

Barbatos, a great countie or earle, and also a duke, he appeareth in *Signo sagittarii sylvestris*, with foure kings, which bring companies and great troopes. He understandeth the singing of birds, the barking of dogs, the lowings of bullocks, and the voice of all living creatures. He detecteth treasures hidden by magicians and inchanters, and is of the order of vertues, which in part beare rule: he knoweth all things past,

and to come, and reconcileth freends and powers; and governeth thirtie legions of divels by his
authoritie.

Buer is a great president, and is seene in this
signe; he absolutelie teacheth philosophie morall
and naturall, and also logicke, and the vertue of
herbes: he giveth the best familiars, he can heale
all diseases, speciallie of men, and reigneth over
fiftie legions.

Gusoin is a great duke, and a strong, appearing
in the forme of a *Xenophilus*, he answereth all
things, present, past, and to come, expounding
all questions. He reconcileth freendship, and dis-
tributeth honours and dignities, and ruleth over
fourtie legions of divels.

Botis, otherwise *Otis*, a great president and
an earle he commeth foorth in the shape of an
ouglie viper, and if he put on humane shape, he
sheweth great teeth, and two hornes, carrieng
a sharpe sword in his hand: he giveth answers
of things present, past, and to come, and reconcileth friends, and foes, ruling sixtie legions.

Bathin, sometimes called *Mathim*, a great duke
and a strong, he is seene in the shape of a verie
strong man, with a serpents taile, sitting on a pale
horsse, understanding the vertues of hearbs and

pretious stones, transferring men suddenlie from countrie to countrie, and ruleth thirtie legions of divels.

Purson, alias Curson, a great king, he commeth foorth like a man with a lions face, carrieng a most cruell viper, and riding on a beare; and before him go alwaies trumpets, he knoweth things hidden, and can tell all things present, past, and to come: he bewraieth treasure, he can take a bodie either humane or aierie; he answereth truelie of all things earthlie and secret, of the divinitie and creation of the world, and bringeth foorth the best familiars; and there obeie him two and twentie legions of divels, partlie of the order of vertues, & partlie of the order of thrones.

Eligor, alias Abigor, is a great duke, and appeereth as a goodlie knight, carrieng a lance, an ensigne, and a scepter: he answereth fullie of things hidden, and of warres, and how souldiers should meete: he knoweth things to come, and procureth the favour of lords and knights, governing sixtie legions of divels.

Leraie, alias Oray, a great marquesse, shewing himselfe in the likenesse of a galant archer, carrieng a bowe and a quiver, he is author of all battels, he dooth putrifie all such wounds as are made with arrowes by archers, *Quos optimos objicit tribus diebus*, and he hath regiment over thirtie legions.

Valefar, alias Malephar, is a strong duke, comming foorth in the shape of a lion, and the head of a theefe, he is verie familiar with them to whom he maketh himselfe acquainted, till he hath brought them to the gallowes, and ruleth ten legions.

Morax, alias Foraii, a great earle and a president, he is seene like a bull, and if he take unto him a mans face, he maketh men wonderfull cunning in astronomie, & in all the liberall sciences: he giveth good familiars and wise, knowing the power & vertue of hearbs and stones which are pretious, and ruleth thirtie six legions.

Ipos, alias Ayporos, is a great earle and a prince, appeering in the shape of an angell, and yet indeed more obscure and filthie than a lion, with a lions head, a gooses feet, and a hares taile: he knoweth things to come and past, he maketh a man wittie, and bold, and hath under his jurisdiction thirtie six legions.

Naberius, alias Cerberus, is a valiant marquesse, shewing himselfe in the forme of a crowe, when he speaketh with a hoarse voice: he maketh a man amiable and cunning in all arts, and speciallie in rhetorike, he procureth the losse of prelacies and dignities: nineteene legions heare and obeie him.

Glasya Labolas, alias Caacrinolaas, or *Caassimolar*, is a great president, who commeth foorth like a dog, and hath wings like a griffen, he giveth the knowledge of arts, and is the captaine of all man-sleiers: he understandeth things present and to come, he gaineth the minds and love of freends and foes, he maketh a man go invisible, and hath the rule of six and thirtie legions.

Zepar is a great duke, appearing as a souldi-er, inflaming women with the loove of men, and when he is bidden he changeth their shape, untill they maie enjoie their beloved, he also maketh them barren, and six and twentie legions are at his obeie and commandement.

Bileth is a great king and a terrible, riding on a pale horsse, before whome go trumpets, and all kind of melodious musicke. When he is called up by an exorcist, he appeareth rough and furious, to deceive him. Then let the exorcist or conjuror take heed to himself, and to allaie his courage, let him hold a hazell bat in his hand, wherewith-all he must reach out toward the east and south, and make a triangle without besides the circle;

but if he hold not out his hand unto him, and he bid him come in, and he still refuse the bond or chaine of spirits; let the conjuror proceed to reading, and by and by he will submit himselfe, and come in, and doo whatsoever the exorcist commandeth him, and he shalbe safe. If *Bileth* the king be more stubborne, and refuse to enter into the circle at the first call, and the conjuror shew himselfe fearfull, or if he have not the chaine of spirits, certeinelie he will never feare nor regard him after. Also, if the place be unapt for a triangle to be made without the circle, then set there a boll of wine, and the exorcist shall certeinlie knowe when he commeth out of his house, with his fellowes, and that the foresaid *Bileth* will be his helper, his friend, and obedient unto him when he commeth foorth. And when he commeth, let the exorcist receive him courteouslie, and glorifie him in his pride, and therfore he shall adore him as other kings doo, bicause he saith nothing without other princes. Also, if he be cited by an exorcist, alwaies a silver ring of the middle finger of the left hand must be held against the exorcists face, as they doo for *Amaimon*. And the dominion and power of so great a prince is not to be pretermitted; for there is none under the power & dominion of the conjuror, but he that deteineth both men and women in doting love, till the exorcist hath had his pleasure. He is of the orders of powers, hoping to returne to the seaventh throne, which is not altogether credible, and he ruleth eightie five legions.

Sitri, alias Bitru, is a great prince, appeering with the face of a leopard, and having wings as a griffen: when he taketh humane shape, he is verie beautifull, he inflameth a man with a womans love, and also stirreth up women to love men, being commanded he willinglie deteineth secrets of women, laughing at them and mocking them, to make them luxuriouslie naked, and there obeie him sixtie legions.

Paimon is more obedient to *Lucifer* than other kings are. *Lucifer* is heere to be understood he that was drowned in the depth of his knowledge: he would needs be like God, and for his arrogancie was throwne out into destruction of whome it is said; Everie pretious stone is thy covering. *Paimon* is constrained by divine vertue to stand before the exorcist; where he putteth on the likenesse of a man: he sitteth on a beast called a dromedarie, which is a swift runner, and weareth a glorious crowne, and hath an effeminate countenance. There goeth before him an host of men with trumpets and well sounding cymbals, and

all musicall instruments. At the first he appeereth
with a great crie and roring, as in *Circulo Salomonis*,
and in the art is declared. And if this *Paimon*
speake sometime that the conjuror understand
him not, let him not therefore be dismaied. But
when he hath delivered him the first obligation,
to observe his desire, he must bid him also answer
him distinctlie and plainelie to the questions. he
shall aske you, of all philosophie, wisedome, and
science, and of all other secret things. And if you
will knowe the disposition of the world, and what
the earth is, or what holdeth it up in the water,
or any other thing, or what is *Abyssus*, or where
the wind is, or from whence it commeth, he will
teach you aboundantlie. Consecrations also as
well of sacrifices as otherwise may be reckoned.
He giveth dignities and confirmations; he bind-
eth them that resist him in his owne chaines, and
subjecteth them to the conjuror; he prepareth
good familiars, and hath the understanding of all
arts. Note, that at the calling up of him, the exorcist must looke towards the northwest, bicause
there is his house. When he is called up, let the
exorcist receive him constantlie without feare,
let him aske what questions or demands he list,
and no doubt he shall obteine the same of him.
And the exorcist must beware he forget not the

creator, for those things, which have beene re-
hearsed before of *Paimon*, some saie he is of the
order of dominations; others saie, of the order
of cherubim. There follow him two hundred legions, partlie of the order of angels, and partlie
of potestates. Note that if *Paimon* be cited alone
by an offering or sacrifice, two kings followe him;
to wit, *Beball* & *Abalam*, & other potentates: in his
host are twentie five legions, bicause the spirits
subject to them are not alwaies with them, except
they be compelled to appeere by divine vertue.

Some saie that the king *Beliall* was created immediatlie after *Lucifer*, and therefore they thinke
that he was father and seducer of them which
fell being of the orders. For he fell first among
the worthier and wiser sort, which went before
Michael and other heavenlie angels, which were
lacking. Although *Beliall* went before all them
that were throwne downe to the earth, yet he
went not before them that tarried in heaven.
This *Beliall* is constrained by divine vertue, when
he taketh sacrifices, gifts, and offerings, that he
againe may give unto the offerers true answers.
But he tarrieth not one houre in the truth, except
he be constrained by the divine power, as is said.
He taketh the forme of a beautifull angell, sitting
in a firie chariot; he speaketh faire, he distribu-

teth preferments of senatorship, and the favour
of friends, and excellent familiars: he hath rule
over eightie legions, partlie of the order of vertues, partlie of angels; he is found in the forme
of an exorcist in the bonds of spirits. The exorcist must consider, that this *Beliall* doth in everie
thing assist his subjects. If he will not submit himselfe, let the bond of spirits be read: the spirits
chaine is sent for him, wherewith wise Salomon
gathered them togither with their legions in a
brasen vessell, where were inclosed among all
the legions seventie two kings, of whome the
cheefe was *Bileth*, the second was *Beliall*, the third
Asmoday, and above a thousand thousand legions.
Without doubt (I must confesse) I learned this of
my maister *Salomon*; but he told me not why he
gathered them together, and shut them up so:
but I beleeve it was for the pride of this *Beliall*.
Certeine nigromancers doo saie, that *Salomon*,
being on a certeine daie seduced by the craft of
a certeine woman, inclined himselfe to praie before the same idoll, *Beliall* by name: which is not
credible. And therefore we must rather thinke (as
it is said) that they were gathered together in that
great brasen vessell for pride and arrogancie,
and throwne into a deepe lake or hole in *Babylon*.
For wise *Salomon* did accomplish his workes by

the divine power, which never forsooke him. And therefore we must thinke he worshipped not the image *Beliall*; for then he could not have constrained the spirits by divine vertue: for this *Beliall*, with three kings were in the lake. But the *Babylonians* woondering at the matter, supposed that they should find therein a great quantitie of treasure, and therefore with one consent went downe into the lake, and uncovered and brake the vessell, out of the which immediatlie flew the capteine divels, and were delivered to their former and proper places. But this *Beliall* entred into a certeine image, and there gave answer to them that offered and sacrificed unto him: as *Tocz.* in his sentences reporteth, and the *Babylonians* did worship and sacrifice thereunto.

Bune is a great and a strong Duke, he appeareth as a dragon with three heads, the third whereof is like to a man; he speaketh with a divine voice, he maketh the dead to change their place, and divels to assemble upon the sepulchers of the dead: he greatlie inricheth a man, and maketh him eloquent and wise, answering trulie to all demands, and thirtie legions obeie him.

Forneus is a great marquesse, like unto a monster of the sea, he maketh men woonderfull in rhetorike, he adorneth a man with a good name, and the knowledge of toongs, and maketh one beloved as well of foes as freends: there are under him nine and twentie legions, of the order partlie of thrones, and partlie of angels.

Ronove a marquesse and an earle, he is resembled to a monster, he bringeth singular understanding in rhetorike, faithfull servants, knowledge of toongs, favour of freends and foes; and nineteene legions obeie him.

Berith is a great and a terrible duke, and hath three names. Of some he is called *Beall*; of the Jewes *Berith*; of Nigromancers *Bolfry*: he commeth foorth as a red souldier, with red clothing, and upon a horsse of that colour, and a crowne on his head. He answereth trulie of things present, past, and to come. He is compelled at a certeine houre, through divine vertue, by a ring of art magicke. He is also a lier, he turneth all mettals into gold, he adorneth a man with dignities, and confirmeth them, he speaketh with a cleare and a subtill voice, and six and twentie legions are under him.

Astaroth is a great and a strong duke, comming foorth in the shape of a fowle angell, sitting upon an infernall dragon, and carrieng on his right hand a viper: he answereth trulie to matters present, past, and to come, and also of all secrets. He talketh willinglie of the creator of spirits, and of their fall, and how they sinned and fell: he saith he fell not of his owne accord. He maketh a man woonderfull learned in the liberall sciences, he ruleth fourtie legions. Let everie exorcist take heed, that he admit him not too neere him, bicause of his stinking breath. And therefore let the conjuror hold neere to his face a magicall ring, and that shall defend him.

Foras, alias Forcas is a great president, and is seene in the forme of a strong man, and in humane shape, he understandeth the vertue of hearbs and pretious stones: he teacheth fullie logicke, ethicke, and their parts: he maketh a man invisible, wittie, eloquent, and to live long; he recovereth things lost, and discovereth treasures, and is lord over nine and twentie legions.

Furfur is a great earle, appearing as an hart, with a firie taile, he lieth in everie thing, except he be brought up within a triangle; being bidden, he taketh angelicall forme, he speaketh with a hoarse voice, and willinglie maketh love betweene man and wife; he raiseth thunders and lightnings, and blasts. Where he is commanded, he answereth well, both of secret and also of divine things, and hath rule and dominion over six and twentie legions.

Marchosias is a great marquesse, he sheweth himselfe in the shape of a cruell shee woolfe, with a griphens wings, with a serpents taile, and spetting I cannot tell what out of his mouth. When he is in a mans shape, he is an excellent fighter, he answereth all questions trulie, he is faithfull in all the conjurors businesse, he was of the order of dominations, under him are thirtie legions: he hopeth after 1200 yeares to returne to the seventh throne, but he is deceived in that hope.

Malphas is a great president, he is seene like a crowe, but being cloathed with humane image, speaketh with a hoarse voice, he buildeth houses and high towres wonderfullie, and quicklie bringeth artificers togither, he throweth downe also the enimies edifications, he helpeth to good familiars, he receiveth sacrifices willinglie, but he deceiveth all the sacrificers, there obeie him fourtie legions.

Vepar, alias Separ, a great duke and a strong, he is like a mermaid, he is the guide of the waters, and of ships laden with armour; he bringeth to passe (at the commandement of his master) that the sea shalbe rough and stormie, and shall appeare full of shippes; he killeth men in three daies, with putrifieng their wounds, and producing maggots into them; howbeit, they maie be all healed with diligence, he ruleth nine and twentie legions.

Sabnacke, alias Salmac, is a great marquesse and a strong, he commeth foorth as an armed soldier with a lions head, sitting on a pale horsse, he dooth marvelouslie change mans forme and favor, he buildeth high towres full of weapons, and also castels and cities; he inflicteth men thirtie daies with wounds both rotten and full of maggots, at the exorcists commandement, he provideth good familiars, and hath dominion over fiftie legions.

Sidonay, alias Asmoday, a great king, strong and mightie, he is seene with three heads, whereof the first is like a bull, the second like a man, the third like a ram, he hath a serpents taile, he belcheth flames out of his mouth, he hath feete like a goose, he sitteth on an infernall dragon, he carrieth a lance and a flag in his hand, he goeth before others, which are under the power of *Amaymon*. When the conjuror exerciseth this office, let him be abroad, let him be warie and standing on his feete; if his cap be on his head, he will cause all his dooings to be bewraied, which if he doo not, the exorcist shalbe deceived by *Amaymon* in everie thing. But so soone as he seeth him in the forme aforesaid, he shall call him by his name, saieng; Thou art *Asmoday*: he will not denie it, and by and by he boweth downe to the ground; he giveth the ring of vertues, he absolutelie teacheth geometrie, arythmetike, astronomie, and handicrafts. To all demands he answereth fullie and trulie, he maketh a man invisible, he sheweth the places where treasure lieth, and gardeth it, if it be among the legions of *Amaymon*, he hath under his power seventie two legions.

Gaap, alias Tap, a great president and a prince, he appeareth in a meridionall signe, and when he taketh humane shape he is the guide of the foure principall kings, as mightie as *Bileth*. There were certeine necromancers that offered sacrifices and burnt offerings unto him; and to call him up, they exercised an art, saieng that *Salomon* the wise made it. Which is false: for it was rather *Cham*, the sonne of *Noah*, who after the floud began first to invocate wicked spirits. He invocated *Bileth*, and made an art in his name, and a booke which is knowne to manie mathematicians. There were burnt offerings and sacrifices made, and gifts given, and much wickednes wrought by the exorcists, who mingled therewithall the holie names of God, the which in that art are everie where expressed. Marie there is an epistle of those names written by *Salomon*, as also write *Helias Hierosolymitanus* and *Helisæus*. It is to be noted, that if anie exorcist have the art of *Bileth*, and cannot make him stand before him, nor see him, I may not bewraie how and declare the meanes to conteine him, bicause it is abhomination, and for that I have learned nothing from *Salomon* of his dignitie and office. But yet I will not hide this; to wit, that he maketh a man woonderfull in philosophie and all the liberall sciences: he maketh love, hatred, insensibilitie, invisibilitie, consecration, and consecration [sic] of those things that are belonging unto the domination of *Amaymon*, and delivereth familiars out of the possession of other conjurors, answering truly and perfectly of things present, past, & to come, & transferreth men most speedilie into other nations, he ruleth sixtie six legions, & was of the order of potestats.

Shax, alias Scox, is a darke and a great marquesse, like unto a storke, with a hoarse and subtill voice: he dooth marvellouslie take awaie the sight, hearing, and understanding of anie man, at the commandement of the conjuror: he taketh awaie monie out of everie kings house, and carrieth it backe after 1200 yeares, if he be commanded, he is a horssestealer, he is thought to be faithfull in all commandements: and although he promise to be obedient to the conjuror in all things; yet is he not so, he is a lier, except he be brought into a triangle, and there he speaketh divinelie, and telleth of things which are hidden, and not kept of wicked spirits, he promiseth good familiars, which are accepted if they be not deceivers, he hath thirtie legions.

Procell is a great and a strong duke, appearing in the shape of an angell, but speaketh verie darklie of things hidden, he teacheth geometrie and all the liberall arts, he maketh great noises, and causeth the waters to rore, where are none, he warmeth waters, and distempereth bathes at certeine times, as the exorcist appointeth him, he was of the order of potestats, and hath fourtie eight legions under his power.

Furcas is a knight and commeth foorth in the similitude of a cruell man, with a long beard and a hoarie head, he sitteth on a pale horsse, carrieng in his hand a sharpe weapon, he perfectlie teacheth practike philosophie, rhetorike, logike, astronomie, chiromancie, pyromancie, and their parts: there obeie him twentie legions.

Murmur is a great duke and an earle, appearing in the shape of a souldier, riding on a griphen, with a dukes crowne on his head; there go before him two of his ministers, with great trumpets, he teacheth philosophie absolutelie, he constraineth soules to come before the exorcist, to answer what he shall aske them, he was of the order partlie of thrones, and partlie of angels, and ruleth thirtie legions.

Caim is a great president, taking the forme of a thrush, but when he putteth on mans shape, he answereth in burning ashes, carrieng in his hand a most sharpe swoord, he maketh the best disputers, he giveth men the understanding of all birds, of the lowing of bullocks, and barking of dogs, and also of the sound and noise of waters, he answereth best of things to come, he was of the order of angels, and ruleth thirtie legions of divels.

Raum, or *Raim* is a great earle, he is seene as a crowe, but when he putteth on humane shape, at the commandement of the exorcist, he stealeth woonderfullie out of the kings house, and car-rieth it whether he is assigned, he destroieth cities, and hath great despite unto dignities, he knoweth things present, past, and to come, and reconcileth freends and foes, he was of the order of thrones, and governeth thirtie legions.

Halphas is a great earle, and commeth abroad like a storke, with a hoarse voice, he notablie buildeth up townes full of munition and weapons, he sendeth men of warre to places appointed, and hath under him six and twentie legions.

Focalor is a great duke comming foorth as a man, with wings like a griphen, he killeth men, and drowneth them in the waters, and overturneth ships of warre, commanding and ruling both winds and seas. And let the conjuror note, that if he bid him hurt no man, he willinglie consenteth thereto: he hopeth after 1000 yeares to returne to the seventh throne, but he is deceived, he hath three legions.

Vine is a great king and an earle, he showeth himselfe as a lion, riding on a blacke horsse, and carrieth a viper in his hand, he gladlie buildeth large towres, he throweth downe stone walles, and maketh waters rough. At the commandement of the exorcist he answereth of things hidden, of witches, and of things present, past, and to come.

Bifrons is seene in the similitude of a monster, when he taketh the image of a man, he maketh one woonderfull cunning in astrologie, absolutelie declaring the mansions of the planets, he dooth the like in geometrie, and other admesurements, he perfectlie understandeth the strength and vertue of hearbs, pretious stones, and woods, he changeth dead bodies from place to place, he seemeth to light candles upon the sepulchres of the dead, and hath under him six and twentie legions.

Gamigin is a great marquesse, and is seene in the forme of a little horsse, when he taketh humane shape he speaketh with a hoarse voice, disputing of all liberall sciences; he bringeth also to passe, that the soules, which are drowned in the sea, or which dwell in purgatorie (which is called *Cartagra*, that is, affliction of soules) shall take aierie bodies, and evidentlie appeare and answer to interrogatories at the conjurors commandement; he tarrieth with the exorcist, untill he have accomplished his desire, and hath thirtie legions under him.

Zagan is a great king and a president, he commeth abroad like a bull, with griphens wings, but when he taketh humane shape, he maketh men wittie, he turneth all mettals into the coine of that dominion, and turneth water into wine, and wine into water, he also turneth bloud into wine, & wine into bloud, & a foole into a wise man, he is head of thirtie and three legions.

Orias is a great marquesse, and is seene as a lion riding on a strong horsse, with a serpents taile, and carrieth in his right hand two great ser-

pents hissing, he knoweth the mansion of planets, and perfectlie teacheth the vertues of the
starres, he transformeth men, he giveth dignities,
prelacies, and confirmations, and also the favour
of freends and foes, and hath under him thirtie
legions.

Valac is a great president, and commeth
abroad with angels wings like a boie, riding on
a twoheaded dragon, he perfectlie answereth
of treasure hidden, and where serpents may be
seene, which he delivereth into the conjurors
hands, void of anie force or strength, and hath
dominion over thirtie legions of divels.

Gomory a strong and a mightie duke, he appeareth like a faire woman, with a duchesse
crownet about hir midle, riding on a camell, he
answereth well and truelie of things present, past,
and to come, and of treasure hid, and where it
lieth : he procureth the love of women, especiallie
of maids, and hath six and twentie legions.

Decarabia or *Carabia*, he commeth like a * and
knoweth the force of herbes and pretious stones,
and maketh all birds flie before the exorcist, and
to tarrie with him, as though they were tame, and
that they shall drinke and sing, as their maner is,
and hath thirtie legions.

Amduscias a great and a strong duke, he commeth foorth as an unicorne, when he standeth before his maister in humane shape, being commanded, he easilie bringeth to passe, that trumpets and all musicall instruments may be heard and not seene, and also that trees shall bend and incline, according to the conjurors will, he is excellent among familiars, and hath nine and twentie legions.

Andras is a great marquesse, and is seene in an angels shape with a head like a blacke night raven, riding upon a blacke and a verie strong woolfe, flourishing with a sharpe sword in his hand, he can kill the maister, the servant, and all assistants, he is author of discords, and ruleth thirtie legions.

Andrealphus is a great marquesse, appearing as a pecocke, he raiseth great noises, and in humane shape perfectlie teacheth geometrie, and all things belonging to admeasurements, he maketh a man to be a subtill disputer, and cunning in astronomie, and transformeth a man into the likenes of a bird, and there are under him thirtie legions.

Ose is a great president, and commeth foorth like a leopard, and counterfeting to be a man, he maketh one cunning in the liberall sciences, he answereth truelie of divine and secret things, he transformeth a mans shape, and bringeth a man to that madnes, that he thinketh himselfe to be that which he is not; as that he is a king or a pope, or that he weareth a crowne on his head, *Durátque id regnum ad horam.*

Aym or *Haborim* is a great duke and a strong, he commeth foorth with three heads, the first like a serpent, the second like a man having two * the third like a cat, he rideth on a viper, carrieng in his hand a light fier brand, with the flame where-of castels and cities are fiered, he maketh one wittie everie kind of waie, he answereth truelie of privie matters, and reigneth over twentie six legions.

Orobas is a great prince, he commeth foorth like a horsse, but when he putteth on him a mans idol, he talketh of divine vertue, he giveth true answers of things present, past, and to come, and of the divinitie, and of the creation, he deceiveth none, nor suffereth anie to be tempted, he giveth dignities and prelacies, and the favour of freends and foes, and hath rule over twentie legions.

Vapula is a great duke and a strong, he is seene like a lion with griphens wings, he maketh a man subtill and wonderfull in handicrafts, philosophie, and in sciences conteined in bookes, and is ruler over thirtie six legions.

Cimeries is a great marquesse and a strong, ruling in the parts of *Aphrica*; he teacheth perfectlie grammar, logicke, and rhetorike, he discovereth treasures and things hidden, he bringeth to passe, that a man shall seeme with expedition to be turned into a soldier, he rideth upon a great blacke horsse, and ruleth twentie legions.

Amy is a great president, and appeareth in a flame of fier, but having taken mans shape, he maketh one marvelous in astrologie, and in all the liberall sciences, he procureth excellent familiars, he bewraieth treasures preserved by spirits, he hath the governement of thirtie six legions, he is partlie of the order of angels, partlie of potestats, he hopeth after a thousand two hundreth yeares to returne to the seventh throne: which is not credible.

Flauros a strong duke, is seene in the forme of a terrible strong leopard, in humane shape, he sheweth a terrible countenance, and fierie eies, he answereth trulie and fullie of things present, past, and to come; if he be in a triangle, he lieth in all things and deceiveth in other things, and beguileth in other busines, he gladlie talketh of the divinitie, and of the creation of the world, and of the fall; he is constrained by divine vertue, and so are all divels or spirits, to burne and destroie all the conjurors adversaries. And if he be commanded, he suffereth the conjuror not to be tempted, and he hath twentie legions under him.

Balam is a great and a terrible king, he commeth foorth with three heads, the first of a bull, the second of a man, the third of a ram, he hath a serpents taile, and flaming eies, riding upon a furious beare, and carrieng a hawke on his fist, he speaketh with a hoarse voice, answering perfectlie of things present, past, and to come, hee maketh a man invisible and wise, hee governeth fourtie legions, and was of the order of dominations.

Allocer is a strong duke and a great, he commeth foorth like a soldier, riding on a great horsse, he hath a lions face, verie red, and with flaming eies, he speaketh with a big voice, he maketh a man woonderfull in astronomie, and in all the liberall sciences, he bringeth good familiars, and ruleth thirtie six legions.

Saleos is a great earle, he appeareth as a gallant soldier, riding on a crocodile, and weareth a dukes crowne, peaceable, &c.

Vuall is a great duke and a strong, he is seene as a great and terrible dromedarie, but in humane forme, he soundeth out in a base voice the *Ægyptian* toong. This man above all other procureth the especiall love of women, and knoweth things present, past, and to come, procuring the love of freends and foes, he was of the order of potestats, and governeth thirtie seven legions.

Haagenti is a great president, appearing like a great bull, having the wings of a griphen, but when he taketh humane shape, he maketh a man wise in everie thing, he changeth all mettals into gold, and changeth wine and water the one into the other, and commandeth as manie legions as *Zagan*.

Phœnix is a great marquesse, appearing like the bird Phœnix, having a childs voice: but before he standeth still before the conjuror, he singeth manie sweet notes. Then the exorcist with his companions must beware he give no eare to the melodie, but must by and by bid him put on humane shape; then will he speake marvellouslie of all woonderfull sciences. He is an excellent poet, and obedient, he hopeth to returne to the seventh throne after a thousand two hundreth yeares, and governeth twentie legions.

Stolas is a great prince, appearing in the forme of a nightraven, before the exorcist, he taketh the image and shape of a man, and teacheth astronomie, absolutelie understanding the vertues of herbes and pretious stones; there are under him twentie six legions.

Note that a legion is 6666. and now by multiplication count how manie legions doo arise out of everie particular.

✠ *Secretum secretorum,*
The secret of secrets;
Tu operans sis secretus horum,
Thou that workst them, be secret in them.

The third Chapter.

*The houres wherin principall divels may be bound, to wit,
raised and restrained from dooing of hurt.*

MAYMON king of the east, *Gorson* king of the south, *Zimimar* king of the north, *Goap* king and prince of the west, may be bound from the third houre, till noone, and from the ninth houre till evening. Marquesses may be bound from the ninth houre till compline, and from compline till the end of the daie. Dukes maybe bound from the first houre till noone; and cleare wether is to be observed. Prelates may be bound in anie houre of the daie. Knights from daie dawning, till sunne rising; or from evensong, till the sunne set. A President may not be bound in anie houre of the daie, except the king, whome he obeieth, be invocated; nor in the shutting of the evening. Counties or erles may be bound at anie houre of the daie, so it be in the woods or feelds, where men resort not.

The fourth Chapter.

The forme of adjuring or citing of the spirits aforesaid to arise and appeare.

HEN you will have anie spirit, you must know his name and office; you must also fast, and be cleane from all pollusion, three or foure daies before; so will the spirit be the more obedient unto you. Then make a circle, and call up the spirit with great intention, and holding a ring in your hand, rehearse in your owne name, and your companions (for one must alwaies be with you) this praier following, and so no spirit shall annoie you, and your purpose shall take effect. And note how this agreeth with popish charmes and conjurations.

In the name of our Lord Jesus Christ the ✠ father ✠ and the sonne ✠ and the Holie-ghost ✠ holie trinitie and unseparable unitie, I call upon thee, that thou maiest be my salvation and defense, and the protection of my bodie and soule, and of all my goods through the vertue of thy holie crosse, and through the vertue of thy passion, I beseech thee O Lord Jesus Christ, by the merits of thy blessed mother S. *Marie*, and of all thy saints, that thou give me grace and divine power over all the wicked spirits, so as which of them soever I doo call by name, they may come by and by from everie coast, and accomplish my will, that they neither be hurtfull nor fearefull unto me, but rather obedient and diligent about me. And through thy vertue streightlie commanding them, let them fulfill my commandements, Amen. Holie, holie, holie, Lord God of sabboth, which wilt come to judge the quicke and the dead, thou which art A and Ω, first and last, King of kings and Lord of lords, *Ioth, Aglanabrath, El, Abiel, Anathiel, Amazim, Sedomel, Gayes, Heli, Messias, Tolimi, Elias, Ischiros, Athanatos, Imas*. By these thy holie names, and by all other I doo call upon thee, and beseech thee O Lord Jesus Christ, by thy nativitie and baptisme, by thy crosse and passion, by thine ascension, and by the comming of the Holie-ghost, by the bitternesse of thy soule when it departed from thy bodie, by thy five wounds, by the bloud and water which went out of thy bodie, by thy vertue, by the sacrament which thou gavest thy disciples the daie before thou sufferedst, by the holie trinitie, and by the inseparable unitie, by blessed Marie thy mother, by thine angels, archangels, prophets, patriarchs, and by all thy saints, and

by all the sacraments which are made in thine
honour, I doo worship and beseech thee, I blesse
and desire thee, to accept these praiers, conjurations, and words of my mouth, which I will use.
I require thee O Lord Jesus Christ, that thou
give me thy vertue & power over all thine angels
(which were throwne downe from heaven to deceive mankind) to drawe them to me, to tie and
bind them, & also to loose them, to gather them
togither before me, & to command them to doo
all that they can, and that by no meanes they con-
temne my voice, or the words of my mouth; but
that they obeie me and my saiengs, and feare me.
I beseech thee by thine humanitie, mercie and
grace, and I require thee *Adonay, Amay, Horta,
Vege dora, Mitai, Hel, Suranat, Ysion, Ysesy*, and
by all thy holie names, and by all thine holie he
saints and she saints, by all thine angels and archangels, powers, dominations, and vertues, and by
that name that Salomon did bind the divels, and
shut them up, *Elhrach, Ebanher, Agle, Goth, Ioth,
Othie, Venoch, Nabrat*, and by all thine holie names
which are written in this booke, and by the vertue
of them all, that thou enable me to congregate all
thy spirits throwne downe from heaven, that they
may give me a true answer of all my demands,
and that they satisfie all my requests, without the

hurt of my bodie or soule, or any thing else that is mine, through our Lord Jesus Christ thy sonne, which liveth and reigneth with thee in the unitie of the Holie-ghost, one God world without end.

Oh father omnipotent, oh wise sonne, oh Holie-ghost, the searcher of harts, oh you three in persons, one true godhead in substance, which didst spare *Adam* and *Eve* in their sins; and oh thou sonne, which diedst for their sinnes a most filthie death, susteining it upon the holie crosse; oh thou most mercifull, when I flie unto thy mercie, and beseech thee by all the means I can, by these the holie names of thy sonne; to wit, A and Ω, and all other his names, grant me thy vertue and power, that I may be able to cite before me, thy spirits which were throwne downe from heaven, & that they may speake with me, & dispatch by & by without delaie, & with a good will, & without the hurt of my bodie, soule, or goods, &c: as is conteined in the booke called *Annulus Salomonis*.

Oh great and eternall vertue of the highest, which through disposition, these being called to judgement, *Vaicheon, Stimulamaton, Esphares, Tetragrammaton, Olioram, Cryon, Esytion, Existion, Eriona, Onela, Brasim, Noym, Messias, Soter, Emanuel, Sabboth, Adonay*, I worship thee, I invocate thee,

I imploie thee with all the strength of my mind, that by thee, my present praiers, consecrations, and conjurations be hallowed: and whersoever wicked spirits are called, in the vertue of thy names, they may come togither from everie coast, and diligentlie fulfill the will of me the exorcist. *Fiat, fiat, fiat, Amen.*

The fift Chapter.

A confutation of the manifold vanities conteined in the precedent chapters, speciallie of commanding of divels.

E that can be persuaded that these things are true, or wrought indeed according to the assertion of couseners, or according to the supposition of witchmongers & papists, may soone be brought to beleeve that the moone is made of greene cheese. You see in this which is called *Salomons* conjuration, there is a perfect inventarie registred of the number of divels, of their names, of their offices, of their personages, of their qualities, of their powers, of their properties, of their kingdomes, of their governments, of their orders, of their dispositions, of their subjection, of their submission, and of the waies to bind or loose them; with a note what wealth, learning, office, commoditie, pleasure, &c: they can give, and may be forced to yeeld in spight of their harts, to such (forsooth) as are cunning in this art: of whome yet was never seene any rich man, or at least that gained any thing that waie; or any unlearned man, that became learned by that meanes; or any happie man, that could with the helpe of this art either

Le cinquième Chapitre.

Une réfutation des nombreuses vanités contenues dans les chapitres précédents, en particulier du commandement des Démons.

ELUI qui peut être persuadé que ces choses sont véridiques, ou fonctionnent, selon l'affirmation des escrocs, ou selon la supposition des sorcières et papistes, peut bientôt être amené à croire que la lune est faite de fromage vert. Vous voyez dans ce que l'on nomme la conjuration de *Salomon*, il existe un inventaire parfait catalogué du nombre de Démons, de leurs noms, de leurs fonctions, de leurs personnages, de leurs qualités, de leurs pouvoirs, de leurs propriétés, de leurs royaumes, de leurs gouvernements, de leurs ordres, de leurs dispositions, de leur sujétion, de leur soumission, et des méthodes pour les lier ou les délier ; avec une notice de ce que la richesse, le savoir, l'office, la commodité, le plaisir, &c, ils peuvent accorder, et peuvent être forcés d'apporter en dépit de leur vouloir, à ceux (certainement) qui sont savants dans cet Art ; de qui pourtant n'a jamais vu aucun homme riche, ou du moins qui n'ait gagné quoi que ce soit de

deliver himselfe, or his freends, from adversitie, or adde unto his estate any point of felicitie: yet these men, in all worldlie happinesse, must needs exceed all others; if such things could be by them accomplished, according as it is presupposed.

For if they may learne of *Marbas*, all secrets, and to cure all diseases; and of *Furcas*, wisdome, and to be cunning in all mechanicall arts; and to change anie mans shape, of *Zepar*: if *Bune* can make them rich and eloquent, if *Beroth* can tell them of all things, present, past, and to come; if *Asmodaie* can make them go invisible and shew them all hidden treasure; if *Salmacke* will afflict whom they list, & *Allocer* can procure them the love of any woman; if *Amy* can provide them ex-cellent familiars, if *Caym* can make them unders-tand the voice of all birds and beasts, and *Buer* and *Bifrons* can make them live long; and finallie, if *Orias* could procure unto them great friends, and reconcile their enimies, & they in the end had all these at commandement; should they not live in all worldlie honor and felicitie? whereas contrariwise they lead their lives in all obloquie, miserie, and beggerie, and in fine come to the gallowes; as though they had chosen unto them-selves the spirit *Valefer*, who they saie bringeth all them with whom he entreth into familiari-

cette façon ; ou tout homme non instruit, qui est devenu instruit par ces moyens ; ou tout homme heureux, qui pourrait avec l'aide de cet Art, soit se délivrer lui-même ou ses proches, de l'adversité, ou ajouter à ses biens toute forme de félicité. Pourtant ces hommes, dans tout le bonheur du monde, doivent avoir besoin de dépasser tous les autres ; si de telles choses pouvaient, par eux, être accomplies, selon ce qui est présupposé.

Car si de *Marbas,* ils peuvent apprendre tous les secrets et guérir toutes les maladies ; et de *Furcas,* la sagesse, et être savants dans tous les arts mécaniques ; et de changer l'apparence de n'importe quel homme, par *Zepar* : si *Bune* peut les rendre riches et éloquents ; si *Beroth* peut leur dévoiler toutes choses, présentes, passées et à venir ; si *Asmodaie* peut les rendre invisibles et leur montrer tous les trésors cachés ; si *Salmacke* afflige ceux qu'ils désirent, et *Allocer* peut leur procurer l'amour de n'importe quelle femme ; si *Amy* peut leur fournir d'excellents familiers ; si *Caym* peut leur faire comprendre la voix de tous les oiseaux et de toutes les bêtes ; et *Buer* et *Bifrons* peuvent les faire vivre longtemps ; et finalement, si *Orias* pouvait leur apporter de grandes amitiés et réconcilier leurs ennemis, et, qu'au final, ils obtenaient tout cela sur commandement ; ne de-

tie, to no better end than the gibet or gallowes.
But before I proceed further to the confutation
of this stuffe, I will shew other conjurations, de-
vised more latelie, and of more authoritie; wherein you shall see how fooles are trained to beleeve these absurdities, being woone by little and
little to such credulitie. For the author heereof
beginneth, as though all the cunning of
conjurors were derived and fetcht
from the planetarie motions,
and true course of the
stars, celestiall
bodies,
&c.

vraient-ils pas vivre dans tout l'honneur et la félicité du monde? Alors qu'au contraire ils mènent leur vie en toute disgrâce, misère et mendicité, et à la fin s'en vont à la potence; comme s'ils avaient choisi pour eux-mêmes l'Esprit *Valefer*, qui, disent-ils, amène tous ceux avec qui il se familiarise, sans meilleure fin que le gibet ou la potence. Mais avant d'aller plus loin dans la réfutation de cette chose, je montrerai d'autres conjurations, conçues plus récemment et de plus grande autorité; où vous verrez comment les idiots sont entraînés à croire ces absurdités, étant peu à peu séduits par une telle crédulité. Pour l'auteur de la présente commence, comme si toute la ruse des conjureurs était dérivée et tirée des mouvements planétaires, et du véritable cours des étoiles, des corps célestes, &c.

Appendice iii

*Liber incantationum, exorcismorum
et fascinationum variarum*

xvᵉ siècle

La Ligature de Salomon

Liber incantationum, exorcismorum et fascinationum variarum
Manuel de Munich de Magie Démoniaque (fols 62v-65r)

CONNU sous le nom du *Manuel munichois de Magie Démoniaque*, le *Liber incantationum, exorcismorum et fascinationum variarum*, textuellement, le *Livre de diverses incantations, exorcismes et fascinations*, est un unique grimoire de Magie Goétique datant du XVe siècle. Catalogué sous la notice Clm 849 de la Bayerische Staatsbibliothek à Munich, ce manuscrit rédigé en latin traite principalement de démonologie et de nécromancie.

L'œuvre comprend plusieurs rituels, conjurations et formules pour évoquer les Esprits et commander les Démons afin d'obtenir d'eux diverses faveurs, telles que l'obtention de la connaissance des arts libéraux, des dignités et des honneurs; pour qu'une personne perde ses sens; susciter l'amour des femmes; causer la haine entre les amitiés; obtenir un banquet, un château, un bateau ou un cheval; pour se rendre invisible; ouvrir les serrures ; et plusieurs moyens pour utiliser un miroir divinatoire. La diversité de ces formules nous rappelle les actions réalisables avec les Esprits de la *Magie Sacrée d'Abramelin*.

Ce qui rend ce manuscrit intéressant dans le contexte qui nous intéresse, c'est qu'en plus de mentionner un grand nombre d'Esprits que l'on retrouve dans les grimoires médiévaux, comme le *Grimorium Verum* et le *Grimoire d'Honorius*, notamment : Sathan, Belial, Belzébuth, Lucifer ; le *Manuel de Munich* affiche des liens étroits avec les Esprits de l'*Ars Goetia* et de la *Pseudomonarchia Dæmonum*, tels que : Alugor, Volach, Curson, Barbarus, Cason, Otius, Taob, Gaeneron, Tuveris, Hanni, Sucax, où ces Démons sont également hiérarchisés et répertoriés en tant que rois, ducs, marquis, etc.

Par ailleurs, ces deux derniers textes mentionnent à quelques reprises une *Contrainte* ou *Chaîne d'Esprits*. Il s'agit d'une puissante conjuration pour lier les Démons et les forcer à se soumettre en cas de désobéissance. Or voilà que le *Manuel de Munich* propose également une conjuration similaire portant le nom de *Ligature de Salomon*. Bien que cette dernière figure dans le manuscrit sous la forme d'un rituel pour "obtenir des informations par le biais d'un miroir," cette conjuration conserve cependant tout le style et la cadence pour lier et contraindre les Esprits démoniaques dans les œuvres de Magie Goétique et Salomonique.

En raison de tous ces rapprochements avec le traité de Weyer, et pour augmenter le côté pratique à l'œuvre, il m'apparaissait intéressant de complémenter ce livre avec cette *ligature spirite*, en y ajoutant ma traduction comparée à l'original latin.

POUR OBTENIR DES INFORMATIONS À PARTIR D'UN MIROIR

IRCUE cimiterium et collige tot lapides quod sunt versus in psalmo *Misereri mei deus*. Cum hiis lapidibus, pone circulum quando vis, et inpone herbam que vocatur verbena. Postea accipe speculum, et line ipsum cum oleo olive cum pollice, dicendo *Gloria in excelsis deo, etc*. Et intres circulum. Stes supra herbam, et verte primo ad orientem, dicens,

Conjuro te, Astra, Astaroth, Cebal,
    per Patrem et Filium et Spiritum Sanctum,
    per xxiiijor seniores,
    et per tres pueros Sydrach, Mysaac, et Abdenago,
    per Toth, principem vestrum,
    per Zambrim et Mambrim,
    per Usuel [et] per Saduel, quibus obedire tenemini de veritate,
    et per baptismum quod recipi in fonte a sacerdote meo, ut obediatis michi.

POUR OBTENIR DES INFORMATIONS À PARTIR D'UN MIROIR

FAITES le tour du cimetière et ramassez autant de pierres qu'il y a de versets dans le psaume *Misereri mei deus*[1]. Avec ces pierres, placez un cercle où vous le souhaitez, et placez dessus l'herbe appelée verveine. Ensuite, prenez un miroir, oignez-le d'huile avec votre pouce, en disant : *Gloire à Dieu au plus haut des cieux, etc.* Et entrez dans le cercle. Tenez-vous sur l'herbe et tournez-vous d'abord vers l'Est en disant :

Je te conjure, Astra, Astaroth, Cebal,
　　par le Père et le Fils et le Saint-Esprit,
　　par les 24 anciens,
　　et par les trois garçons, Schadrac, Méschac et Abed-Nego,
　　par Thoth, ton prince,
　　par Zambrim et Mambrim,

1　Ps. 50 Vulgate.

Cum venerit spiritus, dic si volueris, 'Deum qui te genuit dereliquisti, et oblitus domini creatoris tui.' Cui tunc dicet spiritus, 'Verum est.' Tunc dic, 'Ligo et constringo vos demones, per verba que audistis a creatore vestro pendens in cruce, ut nulli noceatis, sed extraneous de virtute veritate respondeatis michi.' Quod si noluerint, lege vinculum Salomonis; de vinculo spirituum non est soluendum, sed ymo pocius dividendum et ymitandum.

Sed tamen, ut predictum est, cavendum est ne in manus quorundam insipiencium hoc secretum deveniat. Eructuamus sapientissimum filium, per quod predicti reges et principes [cum] omnibus subditis suis valeant subpeditari et cogi et ligari et in abissum proici. Si vero sunt ribelles et contradicentes et inobedientes exorciste semper, et si in omnibus non obedierint vel precepta exorciste non conseruaverint, hoc vinculum est ledendum, quod sic incipit:

Per corroboratum et potentissimum nomen dei El, forte et ammirabile, vos exorcisamus atque imperamus,
per eum qui dixit et factum est,
per omnia nomina ipsius,
et per nomen Y et V et E, quod Moyses audivit et locutus est,

par Usuel [et] par Saduel, à qui vous êtes tenus d'obéir par la vérité,

et par le baptême que j'ai reçu dans une fontaine par mon prêtre, afin que vous m'obéissiez.

Quand l'esprit viendra, dites si vous le voulez : « Tu as abandonné le Dieu qui t'a engendré, et tu as oublié le Seigneur ton Créateur. » À qui l'esprit dira alors : « C'est vrai. » Dites alors : « Je te lie et te contrains, démons, par les paroles que tu as entendues de ton Créateur pendu à la croix, afin que tu ne fasses de mal à personne, mais que tu me répondes avec vérité et vertu, sans exception. » Mais s'ils refusent, lisez la ligature de Salomon ; le lien des Esprits ne doit pas être desserré, mais plutôt divisé et imité.

Mais néanmoins, comme cela a été prédit, nous devons faire attention à ce que ce secret ne tombe entre les mains de personnes imprudentes. Élevons le fils le plus sage, par lequel les Rois et les Princes susmentionnés [avec] tous leurs sujets peuvent être retenus, contraints, liés et jetés dans l'abîme. Mais s'ils se montrent toujours rebelles et contradictoires et désobéissants à l'exorciste, et s'ils n'obéissent pas en toute chose ou n'observent pas les préceptes de l'exorciste, ce lien doit être rompu, qui commence ainsi :

per nomen Genery, et in nomine Genery, quod Noe audivit et locutus est, cum viija familia de linea sua,

et per nomen Y et V et E et X, et in nomine V et X, quod Abraham audivit et cognovit omnipotentem deum,

et per nomen Joth, et in nomine Joth, quod audivit Jacob ab angelo secum comitante, et liberatus est de manu fratris sui Esau,

et per nomen Eyzaserie, et in nomine Eyzaserie, quod Moyses in monte audivit, et meruit quod nunc est cum deo, et audire ipsum cum flamma loquentem,

et per nomen Anathematon, et in nomine Anathematon, quod Aron audivit, et eloquens et sapiens factus est,

et per nomen Sabaoth, et in nomine Sabaoth, quod Moyses audivit et inde nominavit, et omnes aque egredi de terra ceperunt palidum, et verse sunt in sanguinem, et putruerunt,

et per nomen Oristion, et in nomine Oristion, quod Moyses nominavit, et fluvij omnes ebulierunt ranas, et absconderunt in domibus Egyptorum,

et per nomen Eloy, et in nomine Eloy, quod Moyses audivit, percuciens pulverem terræ, et factus est cinifes in hominibus et jumentis,

et per nomen Artifontite, et in nomine Artifontite, quod Moyses nominavit, et omne genus muscarum misit in Egyptum, et inter in Egyptios,

Par le nom fort et très puissant du Dieu El, fort et admirable, nous vous exorcisons et vous commandons,

par Celui qui a dit et cela a été fait,

par tous Ses noms,

et par le nom Y, V et E[2], que Moïse a entendu et parlé,

par le nom de Genery, et au nom de Genery, que Noé a entendu et parlé, avec les huit familles de sa lignée,

et par le nom Y et V et E et X, et par le nom V et X[3], qu'Abraham entendit et connut le Dieu Tout-Puissant,

et par le nom de Joth, et au nom de Joth, que Jacob entendit de l'Ange qui l'accompagnait, et qui fut délivré de la main de son frère Ésaü,

et par le nom d'Eyzaserie, et au nom d'Eyzaserie, que Moïse a entendu sur la montagne, et qu'il méritait maintenant d'être avec Dieu, et de l'entendre parler avec la flamme,

et par le nom d'Anathematon, et au nom d'Anathematon, qu'Aaron entendit, et devint éloquent et sage,

et par le nom de Sabaoth, et au nom de Sabaoth que Moïse a entendu et de là a nommé, et toutes les eaux qui sortaient de la terre commencèrent à pâlir, et furent changées en sang, et devinrent putrides,

et par le nom d'Oristion, et au nom d'Oristion, que Moïse nomma, et tous les fleuves produisirent des grenouilles, et se cachèrent dans les maisons des Égyptiens,

---

2 Assurément il s'agit du Tétragramme יהוה.

3 *Sic* dans le Ms.

et per nomen Yephaton, et in nomine Yephaton, quod Moyses audivit, et quod Moyses nominavit, percuciens terram, et gravis pestis percussit equos, asynos, et camelos, oves et boves interierunt,

et per nomen Arbitrios, [et in nomine Arbitrios,] quod Moyses nominavit, et tulit cinerem de cymiterio, et desparsit in celum, et facta sunt vulnera visicarum urgentium in hominibus et jumentis, et in omni terra Egyptorum,

et per nomen Elyon, et in nomine Elyon, quod Moyses nominavit, et [facta est] grando talis qualis non fuerat ab inicio mundi, usque ad presens tempus, ita quod homines et jumenta que erant in agris ceciderunt et interierunt,

et per nomen Adonay, et in nomine Adonay, quod Moyses voluit, et facte sunt locuste et apparuerunt super omnem terram, et quidquid residuum grandis erat devoraverunt,

et per nomen Pantheon, et in nomine Pantheon, quod Moyses nominavit, et facte sunt umbre horribiles tribus diebus et tribus noctibus,

et per nomen Arimon, et in nomine Arimon, quod Moyses media nocte nominavit, et omnia primogenita Egypti perierunt et mortua fuerunt,

et per nomen Geremon, et in nomine Geremon, quod Moyses nominavit et totum Ysraheliticum populum in captivitate liberavit,

et par le nom d'Eloy, et au nom d'Eloy, que Moïse a entendu, frappant la poussière de la terre, et elle devint des insectes sur les hommes et sur les bêtes,

et par le nom d'Artifontite, et au nom d'Artifontite, que Moïse nomma, et qui envoya toutes sortes de mouches en Égypte et parmi les Égyptiens,

et par le nom de Yephaton, et au nom de Yephaton, que Moïse entendit, et que Moïse nomma, frappant la terre, et une grande peste frappa les chevaux, les ânes et les chameaux, les moutons et les bœufs, et ils moururent,

et par le nom d'Arbitrios, [et au nom d'Arbitrios,] que Moïse a nommé, et il prit des cendres du cimetière et les dispersa vers le ciel, et il y eut des ulcères qui éclatèrent sur les hommes et sur les bêtes, et dans tout le pays d'Égypte,

et par le nom d'Elyon, et au nom d'Elyon, que Moïse a nommé, et [il y eut] une grêle telle qu'il n'y en avait pas eu depuis le commencement du monde jusqu'à présent, de sorte que les hommes et les bêtes qui étaient dans les champs tombèrent et périrent,

et par le nom d'Adonay, et au nom d'Adonay, que Moïse désira, et des sauterelles devinrent et apparurent sur tout le pays, et dévorèrent tout ce qui restait de la grêle,

et par le nom de Pantheon, et au nom de Pantheon, que Moïse a nommé, et il y eut une terrible obscurité pendant trois jours et trois nuits,

et per nomen *Yegeron*, et in nomine *Yegeron* quod mare audivit, et divisum est,

et per nomen *Ysiston*, et in nomine *Ysiston*, quod mare audivit et submersit omnes currus pharaonis,

et per nomen *On*, et in nomine *On*, quod petre audiverunt, et innumerabiles emanuerunt,

et per nomen *Anabona*, et in nomine *Anabona*, quod Moyses in monte Synay audivit, et meruit tabulas manus saluatoris scriptas accipere,

et per nomen *Egyryon*, et in nomine *Egyryon*, cum quo Yosue pugnavit et inimicos destruxit suos et victoriam obtinuit,

et per nomen *Patheon*, et in nomine *Patheon*, ut sanctus David nominavit et liberatus est de manu Golye,

et per nomen *Eya*, et in nomine *Eya*, quod Salomon audivit et Gabaon et meruit in sompnis postulare et inpetrare sanctam sapienciam,

et per nomen *Pancraton*, et in nomine *Pancraton*, quod Elyas oravit quod non plueret, et non pluit tribus annis et mensibus sex,

et per nomen *Symayon*, et in nomine *Symayon*, quod Elyas oravit et celum dedit pluviam, et terra dedit fructum suum,

et per nomen *Eloy*, et in nomine *Eloy*, quod Elyseus nominavit et Esunamitis filium liberavit,

et per nomen *Athanatos*, et in nomine *Athanatos*,

et par le nom d'Arimon, et au nom d'Arimon, que Moïse nomma au milieu de la nuit, et tous les premiers-nés d'Égypte périrent et moururent,

et par le nom de Geremon, et au nom de Geremon, que Moïse nomma et a délivré tout le peuple d'Israël en captivité,

et par le nom d'Yegeron, et au nom d'Yegeron que la mer entendit et fut divisée,

et par le nom d'Ysiston, et au nom d'Ysiston, que la mer entendit et noya tous les chars de Pharaon,

et par le nom de On, et au nom de On, que la pierre entendit, et d'innombrables retentirent,

et par le nom d'Anabona, et au nom d'Anabona, que Moïse a entendu sur le mont Sinaï, et a mérité de recevoir les tablettes écrites de la main du Sauveur,

et par le nom d'Egyryon, et au nom d'Egyryon, avec lequel Josué combattit et détruisit ses ennemis et obtint la victoire,

et par le nom de Patheon, et au nom de Patheon, comme le saint David a nommé et a été délivré de la main de Goliath,

et par le nom d'Eya, et au nom d'Eya, que Salomon a entendu à Gabaon, et qu'il méritait de demander en songe et d'obtenir la sainte sagesse,

et par le nom de Pancraton, et au nom de Pancraton, qu'Élie a prié pour qu'il ne pleuve pas, et il ne plut pas pendant trois ans et six mois,

quod Yeremias nominavit et preterit captivitatem Jerusalem civitatis,

et per nomen Alpha et O, et in nomine Alpha et O, quod Daniel nominavit, et per illud Bel destruxit et draconem interfecit,

et per nomen Emanuel, et in nomine Emanuel, quod tres pueri in camino ignis ardenter nominaverunt, et per hoc illesi exierunt et liberati,

et per hec nomina et omnia alia nomina omnipotentis dei vivi et veri, qui vos de excelso throno primum de vestra culpa eiecit et usque ad abissum locum vos proiecit.

Exorcistamus atque viriliter imperamus,

per eum qui dixit et factum est, cui obediunt omnes creature,

et per tremendum diem iudicij dei summi,

et per igneam devoracionem,

et per mare vitreum quod est ante conspectum divine magestatis [gaudencia vel gradiencia],

et per 4or animalia contra sedem divine magestatis (gaudencia vel gradiencia), oculos ante et retro habencia,

et per sanctam trinitatem, qui est verus deus unus,

et per nonaginta novem nomina que dicunt filie Israeli,

et per ineffabilem ipsius creatoris virtutem et omnipotenciam,

et par le nom de Symayon, et au nom de Symayon, qu'Élie a prié, et le ciel a donné de la pluie, et la terre a donné ses fruits,

et par le nom d'Eloy, et au nom d'Eloy, qu'Élisée nomma et délivra le fils de la Sunamite,

et par le nom d'Athanatos, et au nom d'Athanatos, que Jérémie nomma et passa la captivité de la ville de Jérusalem,

et par le nom d'Alpha et O, et au nom d'Alpha et O, que Daniel nomma, et par lequel Bel a détruit et tué le dragon,

et par le nom d'Emmanuel, et au nom d'Emmanuel, que les trois garçons ont nommé avec ardeur dans la fournaise ardente, et grâce auquel ils en sortirent indemnes et libérés,

et par ces noms et tous les autres noms du Dieu tout-puissant, vivant et vrai, qui le premier vous a chassés du trône élevé par votre faute et vous a jetés dans un profond abysse.

Nous [vous] exorcisons et commandons vigoureusement,

par celui qui a dit et cela a été fait, à qui obéissent toutes les créatures,

et au terrible jour du jugement du Dieu Très-Haut,

et par le feu dévorant,

et par la mer de verre qui est devant la vue de la majesté divine,

*et per xxiiijor seniors ante ignem ar thronum circu-
mstantes,*

*et per angelos celorum, potestates et dominaciones,
que sub eo creatore nominantur,*

et per summam sapienciam,

et per anulum Salomonis [et] sigillum,

*et per sacratissimum nomen illius, quod omne seculum
timet, quod scribitur 4or literis, HV, V, et V, HV, AGLA,*

et per ix celestes candarias,

et per earum virtutes,

[A] *Quatenus hodierno die usque ad talem terminum rei
michi integre custodiatis;*

[B] *Quatenus thesaurum istum quem huc usque custo-
ditis penitus michi relinquatis, sine aliqua diminucione,
ita quod faciatis quod a nullo valeat seperari;*

[C] *Et iam in hac hora veniatis et debeatis michi res-
pondere, de re et de rebus integre de quibus vobis inter-
rogavero veritatem dicere.*

Item, si invenires spiritum vel spiritus rebelles
vel contrariantes, sic dices:

*Per nomen Pneumaton, et in nomine Pneumaton,
quod Moyses nominavit et absorpti fuerunt a cavernis
terre, Dath, An, et Abyron, et virtute illius sacratissimi
nominis dei Pneumaton, maledicimus vos in profun-*

et par les quatre animaux, en face du siège de la majesté divine, ayant des yeux devant et derrière,

et par la Sainte Trinité, qui est le seul vrai Dieu,

et par les quatre-vingt-dix-neuf noms que prononcent les filles d'Israël,

et par la puissance ineffable et la toute-puissance du Créateur Lui-même,

et par les vingt-quatre anciens devant le feu et entourant le trône,

et par les Anges du ciel, les Puissances et les Dominations qui sont nommées sous ce Créateur,

par la sagesse suprême,

et par l'anneau [et] le sceau de Salomon,

et par Son nom très sacré, que chaque siècle craint, qui est écrit en quatre lettres, HV, V et V, HV, AGLA,

et par les neuf bougies célestes,

et par leurs vertus,

[A] *Dans la mesure où que vous me garderez l'affaire intacte à partir de ce jour jusqu'à tel terme;*

[B] *Dans la mesure où vous me laissez ce trésor que vous avez gardé jusqu'à présent entièrement, sans aucune diminution, de sorte que vous fassiez ce qui est nécessaire que quiconque ne puisse le séparer;*

[C] *Et maintenant, à cette heure, viens me répondre en disant toute la vérité sur l'affaire et sur les choses sur lesquelles je t'interrogerai.*

dum abyssi; usque ad ultimum diem iudicij ponimus vos atque religamus, nisi precepto meo obediatis et desiderium meum duxeritis ad effectum.

De même, si vous trouvez un ou des esprits rebelles ou contraires, vous direz ceci :

Par le nom de Pneumaton, et au nom de Pneumaton, que Moïse a nommé et ils ont été engloutis par les cavernes de la terre, Dath, An et Abyron ; et par le pouvoir de ce Nom très sacré du Dieu Pneumaton, nous vous maudissons dans les profondeurs de l'abîme ; nous vous soumettrons et vous lierons jusqu'au dernier jour du jugement, à moins que vous n'obéissiez à mon commandement et que vous réalisez mon désir.

Appendice iv

Pseudomonarchia Dæmonum
De Praestigiis Dæmonum 1577

PSEVDOMONAR-
CHIA DAEMONVM.

O curas hominum, ô quantum est
in rebus inane?

NE Sathanicæ factionis monopolium usque adeò porrò delitescat, hanc Dæmonum Pseudomonarchiam ex Acharonticorum Vasallorum archiuo subtractam, in huius Operis de Dæmonum præstigijs calce annectere uolui, ut effascinatorum id genus hominum, qui se magos iactitare non erubescunt, curiositas, præstigia, uanitas, dolus, impostura, deliria, mens elusa, & manifesta mendacia, quinimò non ferenda blasphemia, omnium mortalium, qui in media lucis splendore hallucinari nolint, oculis clarißimè appareant, hoc potißimùm seculo scelestißimo, quo Christi regnum tam enormi impunitaq́, tyrannide impetitur ab ijs qui Beliali palàm sacramentum præstitère, stipendium etiam iustum haud dubiè recepturi: quibus & perditas has horas liben ter dedico, si fortè ex immensa Dei misericordia conuertantur & uiuant: quod ex animo ijs precor, sitq́, felix & faustum. Ne autem curiosulus aliquis, fascino nimis detentus, hoc stulticia argumentum temerè imitari audeat, uoces hinc inde prætermisi studio, ut uniuersa delinquendi occasio præcideretur. Inscribitur uerò à malefe riato hoc hominum genere, Officium spirituum, uel. Liber officiorum spirituũ, seu, Liber dictus Empto. Salomonis, de principibus & regibus dæmoniorum, qui cogi possunt diuina uirtute & humana. At mihi nuncupabitur Pseudomonarchia Dæmonum.

Rimus Rex, qui est de potesta te Orientis, dicitur Bael, appa rés tribus capitibus, quorum unum asimilatur bufoni, alterú hoīni, tertium feli. Rauca loquitur uoce, formator morum & insignis certator, reddit hominé inuisibilé & sapienté. Huic obediút sexagintasex legiones.

Agares Dux primus sub potestate Orientis, apparet beneuolus in senioris hominis forma, equitás in crocodilo, & in manu accipitrem portás. Cuncta linguarum genera docet optimè: fugitantes reuerti facit, & permanentes fugere: prælaturas & dignitates dimittit, & tripudiare facit spiritus terræ : & est de ordine Virtutum, sub sua potestate habens triginta & unam legiones.

Marbas, aliàs Barbas, Præses magnus, se manifestans in fortisimi leonis specie, sed ab exorcista accitus humana induitur forma, & de occultis plenè respódet, morbos inuehit & tollit, promouet sapientiam artiumque mechanicarum cognitionem, homines adhæc in aliam mutat formá. Preest triginta sex legionibus.

Pruflas, alibi inuenitur Busas, magnus Princeps & Dux est, cuius mansio circa turrim Babilonis, & uidetur in eo flamma foris, caput autem assimilatur magno nycticoraci. Autor est & promotor discordiarum, bellorum, rixarum & mendaciorú. Omnibus in locis nó intromittatur. Ad quæsita respondet abundè. Subsunt huic legiones uigintisex, partim ex ordine Throni, partim Angelorum.

Amóuel Aamon Marchio magnus & potens, prodit in lupi forma, caudá habens serpentinam, & flammam euomens. hominis auté indutus speciem, caninos ostentat dentes, & caput ma-

gno nycticoraci simile. Princeps omniú fortisimus est, intelligens præterita & futura, hinc & gratiām concilians omnium amicorum & inimicorú. Quadraginta imperat legionibus.

Barbatos magnus Comes & Dux, apparet in signo Sagittarij siluestris cú quatuor regibus tubas ferentibus. Intelligit cantus auium, canum latratus, mugitus boum & cunctorum animalium : thesauros ité à magis & incantatoribus reconditos, detegit: & est ex ordine Virtutú, partim Dominationú. Triginta præsidet legionibus. Nouit præterita & futura : tā amicorú quàm inimicorum animos conciliat.

Buer Præses magnus conspicitur in signo *. Absolutè docet philosophiā, practicá, ethica item & logica, & herbarum uires : dat optimos familiares: ægros sanitati restituere nouit, maximè & homines. Quinquaginta legionum habet imperium.

Gusoyn Dux magnus & fortis, apparet in forma zenophali. Explicatè respondet & uerè de præsentibus, præteritis, futuris & occultis. Amicorum & inimicorum gratiam reddit: dignitates confert & honores conformat. Præest quadragintaquinq; legionib.

Botis, alibi Otis, magnus Præses & Comes: prodit in uiperæ specie deterrima: & siquando formam induit humanam, dentes ostendit magnos & cornua duo, manu gladium acutum portans. Dat perfectè respósa uera de præsentibus, præteritis, futuris & abstrusis. Tam amicos quàm hostes conciliat. Sexaginta imperat legionibus.

Bathym, alibi Marthim Dux magnus & fortis: uisitur constitutione uiri fortisimi cum cauda serpentina, equo pallido insidens. Virtutes herbarum & lapidum pretiosorum intelligit.

Nn

git. Cursu uelocissimo hominem de regione in regionem transfert. Huic triginta subsunt legiones.

Pursan, aliàs Curson, magnus Rex, prodit ut homo facie leonina, uiperá portans ferocissimá, ursoq; insidens, quem semper precedunt tubæ. Callet præsentia, præterita & futura: aperit occulta, thesauros detegit: corpus humanú suscipit & aëreum. Verè respon det de rebus terrenis & occultis, de diuinitate & mundi creatione: familiares parit optimos: cui parent uiginti-duo legiones, partim de ordine Virtutum, partim ex ordine Throni.

Eligor, aliàs Abigor, Dux magnus, apparet ut miles pulcherrimus, lanceam, uexillum & sceptrum portans. Plenè de occultis respondet atque bellis, & quomodo milites occurrere debeant: futura scit, & gratiam apud omnes dominos & milites conciliat. Præsidet sexaginta legionibus.

Loray, aliàs Oray, magnus Marchio, se ostendens in forma sagittarij pulcherrimi, pharetram & arcum gestantis: author existit omnium prebliorum, & uulnera putrefacit quæ à sagittarijs infligútur, quos objicit optimos tribus diebus. Triginta dominatur legionibus.

Valefar, aliàs Malaphar, Dux est fortis, forma leonis prodiens & capite latronis. Familiaritaté parit suis, donec laqueo suspendantur. Decem præsidet legionibus.

Morax, aliàs Foraij, magnus Comes & Prefes: similis tauro uisitur: et si quádo humaná faciem assumit, admirabilem in Astronomia & in omnibus artibus liberalibus reddit hominem: parit etiá famulos non malos & sapientes: nouit & herbarum & pretiosorum lapidum potétiam. Imperat triginta sex legionibus.

Ipes, aliàs Ayperos, est magnus Comes & Princeps, apparens quidé specie angelica, interim leone obscurior & turpis, capite leonis, pedibus anserinis, cauda leporina. Præterita & futura nouit: redditq; hominem ingeniosum & audacem. Legiones huic obediunt trigintasex.

Naberus, aliàs Cerberus, Marchio est fortis, forma corui se ostentans: si quádo loquitur, raucam edit uocem. Reddit & hominem amabilem & artium intelligenté, cumprimis in Rhetoricis eximium. Prælaturarum & dignitatum iacturam parit. Nouédecim legiones hunc audiunt.

Glasyalabolas, aliàs Caacrinolaas uel Caasimolar magnus Præses: qui progreditur ut canis habens alas gryphi. Artium cognitionem dat, interim dux omnium homicidarú. Præsentia & futura intelligit. Tá amicorú quàm inimicorum animos demeretur: & hominem reddit inuisibilem. Imperium habet triginta sex legionum.

Zepar Dux magnus, apparens uti miles, inflammansq; uirorum amore mulieres, & quando ipsi iussum fuerit, earum formam in aliam transmutat, donec dilectis suis fruantur. Steriles quoque eas facit. Vigintisex huic parent legiones.

Byleth Rex magnus & terribilis, in equò pallido equitans, qué præcedút tubæ, symphoniæ, & cuncta Musicæ genera. Quum auté coram exorcista se ostentat, turgidus ira & furore uidetur, ut decipiat. Exorcista uerò tum sibi prudenter caueat: atq; ut fastum ei adimat, in manu suscipiat baculum corili, cum quo orientem & meridiem uersus, foris iuxta circulum manum extendet, facietq; triangulum. Cæterùm si manum non extendit, & intrare iubet, atq; spirituum Vinculum ille renuerit, ad lectionem progrediatur exorcista: mox ingredietur idem submissus,

miſſus, ibi ſtando & faciédo quodcun
que iuſſerit exorciſta ipſi Byleth regi,
eritq́; ſecurus. Si uerò cõtumacior fue
rit, nec primo iuſſu circulum ingredi
uoluerit, reddetur fortè timidior exorciſta: uel ſi Vinculum ſpirituum minus habuerit, ſciet haud dubiè exorciſta, malignos ſpiritus poſtea eum nõ
uerituros, at ſemper uiliorem habituros. Item ſi ineptior ſit locus triangu- 10
lo deducédo iuxta circulum, tunc uas
uino plenũ ponatur: & intelliget exorciſta certiſsimè, quum è domo ſua
egreſſus fuerit cum ſocijs ſuis, prædictum Byleth ſibi fautorem fore, bene-
uolum, & corá ipſo ſubmiſſum quando progredietur. Veniétem uerò exor
ciſta benignè ſuſcipiat, & de ipſius fa-
ſtu glorietur: propterea quoque eundem adorabit, quemadmodum alij 20
reges, quia nihil dicit abſq́; alijs principibus. Item ſi hic Byleth accitus fue
rit ab aliquo exorciſta, ſemper tenendus ad exorciſtæ faciem annulus argenteus medij digiti manus ſiniſtræ,
quemadmodũ pro Amaymone. Nec
eſt prætermittenda dominatio & po-
teſtas tanti principis, quoniam nullus
eſt ſub poteſtate & dominatione exorciſtæ alius, qui uiros & mulieres in 30
delirio detinet, donec exorciſtæ uoluntatem explerint: & fuit ex ordine
Poteſtatũ, ſperans ſe ad ſeptimũ Thro
num rediturũ, quod minus credibile.
Imperat octogintaquinq́; legionib.

Sytry, aliàs Bitru, magnus Princeps,
leopardi facie apparens, habensque
alas uelut gryphi. Quando autem humanam aſſumit formá, mirè pulcher
nidetur. Incédit uirum mulieris amo- 40
re, mulierem uiciſsim alterius deſide-
rio incitat. Iuſſus ſecreta libenter dete
git feminarum, eas ridés ludificansq́;
ut ſe luxurioſe nudent. Huic ſexagin-
ta legiones obſequuntur.

Paymon obedit magis Lucifero
quàm alij reges. Lucifer hic intelligé-
dus, qui in profunditate ſcientiæ ſuæ
demerſus, Deo aſsimilari uoluit, & ob
hanc arrogantiá in exitium proiectus
eſt. De quo dictũ eſt: Omnis lapis pre- Ezech.18.
tioſus operimentũ tuum. Paymon au-
té cogitur uirtute diuina, ut ſe ſiſtat co
rá exorciſta: ubi hominis induit ſimulachrũ, inſidés dromedario, coronaq́;
inſignitus lucidiſsima, & uultu fœmineo. Húc præcedit exercitus cũ tubis
& cimbalis bene ſonantibus, atque o-
mnibus inſtrumétis Muſicis, primò cũ
ingenti clamore & rugitu apparés, ſi-
cut in Empto. Salomonis, et arte decla
ratur. Et ſi Paymon hic quandoq́; loquitur, ut minus ab exorciſta intelliga
tur, ꝓpterea is nõ tepeſcat: ſed ubi por
rexerit illi primá chartam ut uoto ſuo
obſequatur, iubebit quoq; ut diſtinctè
& apertè reſpondeat ad quæſita, & de
uniuerſa philoſophia & prudétia uel
ſciétia, & de cęteris arcanis. Et ſi uoles
cognoſcere diſpoſitionem mundi, &
qualis ſit terra, aut quid eá ſuſtineat
in aqua, aut aliquid aliud, & quid ſit
abyſſus, & ubi eſt uentus & unde ue-
niat, abundè te docebit. Accedát & cõ
ſecrationes tá de libationibus q̃ alijs.
Confert hic dignitates & cõfirmatio-
nes. Reſiſtétes ſibi ſuo uinculo deprimit, & exorciſtæ ſubijcit. Bonos cõpa-
rat famulos, & artiũ omniũ intellectũ.
Notandũ, quòd in aduocádo húc Pay
moné, Aquiloné uerſus exorciſtã con-
ſpicere oporteat, q̃ ibi huius ſit hoſpi-
tiũ. Accitũ uerò intrepidè cõſtanterq́;
ſuſcipiat, interroget, & ab eo petat qc
quid uoluerit, nec dubiè impetrabit.
At ne creatoré obliuioni tradat, cauen
dũ exorciſtæ, propter ea quæ præmiſ-
ſa fuerũt de Paymone. Sunt qui dicát,
eũ ex ordine Dominationũ fuiſſe: ſed
alijs placet, ex ordine Cherubin. Húc
ſequútur legiones ducentę, partim ex
ordine Angelorũ, partim Poteſtatum.

Notandũ adhæc, ſi Paymõ ſolus fuerit citatus per aliquã libatione aut ſacrificiũ, duo reges magni comitantur, ſci licet Bebal & Abalã, & alij potétes. In huius exercitu ſunt uigintiquinq; legiones: quia ſpiritus his ſubiecti, non ſemper ipſis adſunt, niſi ut appareant, diuina uirtute compellantur.

Regem Belial aliqui dicunt ſtatim poſt Luciferum fuiſſe creatũ, ideoq; ſentiũt ipſum eſſe patrem & ſeductorem eorum qui ex Ordine ceciderũt. Cecidit enim prius inter alios digniores & ſapientiores, qui præcedebant Michaelem & alios cœleſtes angelos, qui deerant. Quamuis autem Belial ipſos qui in terrã deiecti fuerint, præceſſerit: alios tamé qui in cœlo manſere, non antecefsit. Cogitur hic diuina uirtute, cũ accipit ſacrificia, munera & holocauſta, ut uiciſsim det immolantibus reſponſa uera: at per horã in ueritate non perdurat, niſi potentia diui na cõpellatur, ut dictum eſt. Angelicã aſſumit imaginé impéſe pulchram, in igneo curru ſedens. Blandè loquitur. Tribuit dignitates & prælaturas ſena torias, gratiam item amicorũ, & optimos famulos. Imperium habet octoginta legionum, ex ordine partim Vir tutum, partim Angelorum. Forma exorciſtæ inuenitur in Vinculo Spirituũ. Obſeruandum exorciſtæ, hunc Belial in omnib. ſuccurrere ſuis ſubditis: ſi autē ſe ſubmittere noluerit, Vinculũ Spirituum legatur, qnò ſapiétiſsimus Salomon eos cum ſuis legionibus in uaſe uitreo relegauit: & relegati cum omnibus legionibus fuere ſeptuagin taduo reges, quorum primus erat Bileth, ſecũdus Belial, deinde Aſmoday, & circiter mille millia legionũ. Illud proculdubio à magiſtro Salomone didiciſſe me fateor: ſed cauſam relega tionis me non docuit, crediderim tamen propter arrogantiã ipſius Belial.

Sunt quidam necromantici, qui aſſerunt, ipſum Salomonem quodam die aſtutia cuiuſdam mulieris ſeductum, orãdo ſe inclinaſſe uerſus ſimulachrũ Belial nomine. quod tamen fidé non meretur: ſed potius ſentiendum, ut di ctum eſt, propter ſuperbiam & arrogantiam relegatos eſſe in magno uaſe, proiectos in Babilone in puteum grandé ualde. Enimuerò prudentiſsimus Salomon diuina potétia ſuas exe quebatur operationes, quę etiam nun quam eum deſtituit: propterea ſimulachrum non adoraſſe ipſum ſentiendum eſt, alioqui diuina uirtute ſpiritus cogere nequiuiſſet. Hic autem Be lial cum tribus regibus in puteo fuit. At Babilonienſes ad hæc exhorreſcen tes, rati ſe theſaurum amplum in puteo inuéturos, unanimi conſilio in pu teum deſcenderunt, detegeruntq; & confregere uas, unde mox egreſsi captiui, in proprium locum porrò ſunt reiecti. Belial uerò ingreſſus quoddam ſimulachrum, dabat reſponſa ſibi immolantibus & ſacrificantibus, ut teſtatur Tocz in dictis ſuis: & Babyloniéſes adorátes ſacrificauerũt eidem.

Bune Dux magnus & fortis, apparet ut draco, tribus capitibus, tertium uerò aſsimilatur homini. Muta loquitur uoce: mortuos locum mutare facit, & dæmones ſupra defunctorum ſepulchra congregari: omnimodo ho miné locupletat, redditq; loquacem & ſapienté: ad quæſita uerè reſpõdet. Huic legiones parent triginta.

Forneus magnus Marchio, ſimilis monſtro marino, reddit hominem in Rhetoricis admirabilem, optima fama & linguarũ peritia ornat, tam ami cis quàm inimicis gratum facit. Subſunt huic uigintinouem legiones, ex ordine partim Thronorum, partim Angelorum.

Roneue Marchio & Comes, aſsimi
latur

latur monſtro. Singularem in Rhetoricis intelligentiam confert, famulos item fidos, linguarum cognitione, amicorum & inimicorū fauorem. Huic obediunt legiones nouendecim.

Berith Dux magnus & terribilis: tribus nuncupatur nominibus, à quibuſdam Beal, à Iudęis Berith, à necromanticis Bolfri. Prodit ut miles ruber cum ueſtitu rubro, & equo eiuſdem coloris, coronaq́; ornatus. Verè de præſentibus, præteritis & futuris reſpondet. Virtute diuina per annulum magicæ artis ad horam ſcilicet cogitur. Mendax etiam eſt. In aurum cunĉta metallorum genera mutat. Dignitatibus ornat eaſdemq́; cōfirmat: claram ſubtilemq́; edit uocem. Viginti ſex legiones huic ſubſunt.

Aſtaroth Dux magnus & fortis, prodiens angelica ſpecie turpiſsima, inſidensq́; in dracone infernali, & uiperā portans manu dextra. Verè reſpondet de præteritis, præſentibus, futuris & occultis. Libenter de ſpirituū creatore, & eorundé lapſu loquitur, quomodo peccauerint & ceciderint. Se ſpontè non prolapſum eſſe dicit. Reddit hominem mirè eruditum in artibus liberalibus. Quadraginta legionibus imperat. Ab hoc quilibet exorciſta caueat, ne propè nimis eum admittat, ob fœtorem intolerabilem quem expirat. Itaq́; annulum argenteū magicū in manu ſua iuxta faciem teneat, quo ſe ab iniuria facilè tuebitur.

Forras uel forcas magnus Præſes eſt: uiſitur forma uiri fortiſsimi, & in humana ſpecie uires herbarum & lapidum precioſorum intelligit. Plenè docet Logica, Ethica & eorundé partes. Reddit hominem inuiſibilem, ingenioſum, loquacé & uiuacem: amiſſa recuperat, theſauros detegit. Dominium uiginti nouem legionum habet.

Furfur Comes eſt magnus, apparés

ut ceruus cauda flammea. In omnibus mentitur, niſi in triangulum introducatur. Iuſſus angelicam aſſumit imaginem. Rauca loquitur uoce: amorem inter uirum & mulierem libenter conciliat: nouit & concitare fulgura, coruſcationes & tonitrua in ijs partibus ubi iuſſum fuerit. De occultis & diuinis rebus bene reſpondet. Imperat legionibus uigintiſex.

Marchocias magnus Marchio eſt. Se oſtentat ſpecie lupæ ferociſsimæ cum alis gryphi, cauda ſerpentina, & ex ore neſcio quid euomēs. Quum hominis imaginem induit, pugnator eſt optimus. Ad quæſita uerè reſpondet: fidelis in cunĉtis exorciſtæ mandatis. Fuit ordinis Dominationū. Huic ſubiacent legiones triginta. Sperat ſe poſt mille ducétos annos ad ſeptimū Thronum reuerſurum: ſed ea ſpe falſus eſt.

Malphas magnus Præſes, cōſpicitur coruo ſimilis: ſed hominis idolū indutus rauca fatur uoce. Domos & turres ingétes mirè extruit, & obuios citò facit artifices maximos: hoſtium uerò ædes & turres deijcit. Famulos ſuppeditat non malos. Sacrificia libenter ſuſcipit, at ſacrificatores omnes fallit. Quadraginta huic parent legiones.

Vepar, aliàs Separ, Dux magnus & fortis: ſimilis ſyreni: ductor eſt aquarum & nauium armis onuſtarum. Vt mare iuſſu magiſtri turgidum nauibusq́; plenum appareat, efficit: contra inimicos exorciſtæ per dies tres uulneribus putreſcentibus uermesq́; producentibus homines inficit, à quibus tamen negocio abſoluto ſanantur omnes. Imperat legionib. uigintinoué.

Sabnac, aliàs Salmac, Marchio magnus & fortis: prodit ut miles armatus, capite leonis, in pallido equo inſidens. Hominis formā tranſmutat mirè: turres magnas armis plenas ædificat, item caſtra & ciuitates. Triginta

dies ex mádato exorciftæ homini uul
nera putrida & uerminantia infligit.
Familiares conciliat bonos : dominiú
exercens quinquaginta legionum.

Sydonay, aliàs Afmoday, Rex magnus, fortis & potens:uifitur tribus capitibus, quorum primum afsimilatur
capiti tauri, alterum hominis, tertium
arietis. Cauda eius ferpentina, ex ore
flammá eructat, pedes anferini. Super
dracone infernali fedet, in manu lanceam & uexillú portás.Præcedit alios
qui fnb poteftate Amaymonis funt.
Cum huius officia exercet exorcifta,
fit fortis, cautus & in pedibus ftans : fi
uerò coopertus fuerit, ut in omnibus
detegatur, efficiet: quod fi non fecerit
exorcifta, ab Amaymone in cúctis de-
cipietur:fed mox quum ipfum in prę-
dicta forma confpicit,appellabit illum
nomine fuo, inquiens: Tu uerò es Afmoday. ipfe non negabit : & mox ad
terrá. Dat annulú uirtutú:docet abfo-
lutè Geometriam,Arithmeticá,Aftro-
nomiam, Mechanicam: ad interrogata plenè & uerè refpondet : hominem
reddit inuifibilem : loca thefaurorum
oftendit & cuftodit, fi fuerit de legionibus Amaymonis.In fua poteftate le
giones feptuaginta duas habet.

Gaap,aliàs Tap, Præfes magnus &
Princeps: in figno meridiei apparet:
fed quum humanam affumit faciem,
ductor eft præcipuorum quatuor regum,tam potens ut Byleth.Extiterunt
autè quidam necromantici, qui huic
libamina & holocaufta obtulere, & ut
eundem euocarent, artem exercuere,
dicentes fapientifsimum Salomoné
eam cópofuiffe, quod falfum eft : imò
fuit Cham filius Noe, qui primus poft
diluuium coepit malignos inuocare
fpiritus, inuocauit aút Byleth,& com-
pofuit artem in fuo nomine, & librú,
qui multis mathematicis eft cognitus.
Fiebant autem holocaufta, libamina,

munera,& multa nefaria,quæ operabantur exorciftę admiftis fanctifsimis
Dei nominibus,quę in eadé arte fpar-
fim exprimuntur. Epiftola uerò de ijs
nominibus eft confcripta à Salomo-
nę,uti & fcribút Helias Hierofolymita
nus & Helifeus. Notandum, fi aliquis
exorcifta habuerit artem Beleth, nec
ipfum coram fe fiftere pofsit aut uide-
re,nifi per arté, quomodo autem eundem continere oporteat,non eft expli
candú, quum fit nefandum, & nihil à
Salomone de eius dignitate & officio
didicerim.hoc tamen nó filebo,ipfum
reddere hominem admirabilé in phi-
lofophia & artibus omnibus liberali-
bus.Facit ad amorem,odiú, inuifibili-
tatem & confecrationem eorum quæ
funt de dominatione Amaymonis : &
de poteftate alterius exorciftæ tradit
familiares, & uera perfectè refponfa
de præfentibus, præteritis & futuris.
Velocifsimo tranfcurfu in uarias regiones traducit hominem. Sexaginta
fex præeft legionibus, & fuit de Pote-
ftatum ordine.

Chax, aliàs Scox, Dux eft & Marchio magnus:fimilis ciconiæ rauca uo
ce & fubtili. Mirabiliter aufert uifum,
auditum & intellectum iuffu exorciftæ: aufert pecuniam ex qualibet domo regia,& reportat poft mille ducen
tos annos, fi iuffus fuerit: abripit & e-
quos. Fidelis effe in omnibus mandatis putatur: ac licet fe obfequuturum
exorciftæ promittat, non tamen in o-
mnibus facit.Mendax eft,nifi in triangulum introducatur: introductus autem loquitur de rebus diuinis & reconditis thefauris, qui à malignis fpi-
ritibus nó cuftodiuntur. Promittit in
fuper fe collaturum optimos famulos,
qui accepti funt,fi nó fuerint deceptores. Huic fubiacent legiones triginta.

Pucel Dux magnus & fortis:apparet
in fpecie angelica, fed obfcura ualde:
loquitur

loquitur de occultis: docet Geometriam & omnes artes liberales:sonitus
facit ingentes, & sonare àquas ubi nõ
sunt,easdem & calefacit,& harum bal
nea recuperandæ sanitati seruientia
certis temporibus, distemperat iussu
exorcistæ.Fuit de ordine Potestatũ,ha
betq; in sua potestate legiones quadragintaocto.

Furcas miles est:prodit similitudine
sæui hominis cum longa barba & capillitio cano. In equo pallido insidet,
portás in manu telum acutum. Docet
perfectè practicam,philosophiam,ꝝe
toricam,logicam,chiromantiam,astro
nomiam,piromantiam,& earum par-
tes.Huic parent uiginti legiones.

Murmur magnus Dux & Comes:ap
paret militis forma,equitans in uultu-
re,& ducali corona cõptus.Hunc præcedunt duo ministri tubis magnis:phi
losophiam absolutè docet.Cogit animas coram exorcista apparere, ut interrogatæ respondeant ad ipsius quæsita. Fuit de ordine partim Thronorũ,
partim Angelorum.

Caym magnus Præses, formã assumens merulæ: at quũ hominè induit,
respondet in fauilla ardente,ferens in
manu gladiũ acutissimũ. Præ cæteris
sapienter argumẽtari facit: tribuit intellectum omniũ uolatilium, mugitus
boum, latratus canũ, & sonitus aquarum: de futuris optimè respõdet. Fuit
ex ordine Angelorum.Præsidet legionibus triginta.

Raú uel Raym Comes est magnus:
ut coruus uisitur: sed quũ assumit hu-
manã faciem, si ab exorcista iussus fue
rit,mirè ex regis domo uel alia suffura
tur,& ad locũ sibi designatũ transfert.
Ciuitates destruit: dignitatũ despectũ
ingerit. Nouit præsentia, præterita &
futura. Fauorè tã hostiũ quàm amicorum conciliat.Fuit ex ordine Throno
rum.Præest legionibus triginta.

Halphas Comes magnus,prodit similis ciconiæ rauca uoce.Insigniter ædi
ficat oppida ampla armis plena : bellũ
mouet, & iussus , homines bellicosos
ad designatum locum mittit obuiam.
Subsunt huic uiginti sex legiones.

Focalor Dux magnus , prodit uelut
homo, habens alas gryphi forma. Accepta humana figura, interficit homines & in aquis submergit.Imperat ma
ri & uento,nauesq; bellicas subuertit.
Notandũ omni exorcistæ,si huic mandetur,ne homines lædat, libenter obsequitur. Sperat se post mille annos re
uersurũ ad septimum Thronũ,sed fal-
litur.Triginta legionibus imperat.

Vine magnus Rex & Comes : se
ostentat ut leo in equo nigro insidens,portansq; uiperam in manu.Am
plas turres libenter ædificat:lapideas
domus extruit, riuos reddit turgidos:
ad exorcistæ mandatum respondet de
occultis,maleficis,præsentibus, præteritis & futuris.

Bifrons, monstri similitudine con-
spicitur.Vbi humanam assumit imaginem, reddit hominem in Astrologia
mirabilem, planetarum mãsiones absolutè docens, idem præstat in Geometria, & mensuris alijs. Vires herbarum, lapidum pretiosorum & lignorũ
intelligit. Corpora mortuorum de loco ad locum transmutat: candelas super defunctorum sepulchra inflamma
re uidetur. Huic subiacent uiginti sex
legiones.

Gamygyn magnus Marchio:in forma equi parui uisitur: at ubi hominis
simulachrum assumit,raucam edit uocem ,de omnibus artibus liberalibus
differens: efficit quoque , ut coram e-
xorcista conueniant animæ in mari
exeuntes, & quæ degunt in purgatorio (quod dicitur Cartagra,id est,affli-
ctio animarum)& corpora aërea suscipiunt,apparentq; euidenter, & ad in-

terrogata reſpõdent. Permanet apud
exorciſtam , donec ipſius uotum ex-
pleuerit. Triginta legiones in ſua habet poteſtate.

Zagan magnus Rex & Præſes:ut tau
rus prodit cum alis ad modũ gryphi:
ſed aſſumpta hominis forma , reddit
hominem ingenioſum:tranſmutat cũ-
&a metallorum genera in monetas illius ditionis, & aquam in uinum,& e-
diuersò : ſanguinem quoq; in oleum,
& contrà : & ſtultum in ſapientem.
Præeſt triginta tribus legionibus.

Otias Marchio magnus , uiſitur ut
leo, in equo fortiſsimo equitans, cauda ſerpentina:in dextera portat duos
grandes ſerpentes etiam exibilantes.
Callet planetarum ɱãſiones , & uires
ſidereas perfe&è docet. Tranſmutat
homines:confert dignitates,prælatu-
ras & confirmátiones : item amicorum & hoſtium fauorem. Præſidet legionibus triginta.

Volac magnus Præſes : progreditur
uti puer alis angeli , ſuper dracone e-
quitans duobus capitibus. De occultis theſauris perfe&è reſpondet,& ubi
ſerpentes uideantur, quos & uiribus
deſtitutos tradit in exorciſtæ manus.
Dominium habet legionum triginta.

Gomory Dux fortis & potens : apparet ut mulier pulcherrima:ac ducali
cingitur corona, in camelo equitans.
Bene & uerè reſpondet de præteritis,
pręſentibus,futuris, & occultis theſau
ris ubi lateant.Conciliat amorem mu
lierum, & maximè puellarum. Imperat legionibus uigintiſex.

Decarabia uel Carabia,magnus Rex
& Comes:uenit ſimilis *.Vires herbarum & lapidum pretioſorum nouit:
efficit ut aues coram exorciſta uolent,
& uelut familiares ac domeſticæ morentur, bibant & cantillent ſuo more.
Parent huic triginta legiones.

Amduſcias Dux magnus & fortis:

procedit ut unicornu:in humana ſimi-
liter forma, quando coram magiſtro
ſuo ſe ſiſtit:& ſi præcipiatur,efficit faci
lè ut tubæ & ſymphoniæ omniaq; mu
ſicorum inſtrumentorum genera audiantur, nec tamen conſpe&ui appa-
reant:ut item arbores ad exorciſtæ ge
nu ſe inclinent. Optimus eſt unà cum
famulis. Imperium habet uigintinoué
legionum.

Andras magnus Marchio : uiſitur
forma angelica, capite ny&icoraci nigro ſimili , in lupo nigro & fortiſsimo
equitans, baiulansq; manu gladium
acutiſsimum.Nouit interficere dominum,ſeruũ & coadiutores : author eſt
diſcordiarum. Dominatur legionibus
triginta.

Androalphus Marchio magnus,ap-
parens ut pauo: graues edit ſonitus:&
in humana forma docet perfe&è geometriam & menſuram ſpe&antia:red-
dit hominem in argumentando argutum, & in aſtronomia prudenté, eun-
demq; in auis ſpeciem tranſmutat.Tri
ginta huic ſubſunt legiones.

Oze Præſes magnus:procedit ſimilis leopardo : ſed hominem mentitus,
reddit prudentem in artibus liberalibus: uerè reſpondet de diuinis & oc-
cultis:tranſmutat hominis formam:&
ad eam inſaniam eum redigit , ut ſibi
perſuadeat eſſe quod non eſt , quemadmodum ſe eſſe regem uel papam,
& coronam in capite geſtare : duratq;
id regnum horam.

Aym uel Haborym Dux magnus &
fortis:progreditur tribus capitibus,pri
mo ſerpéti ſimili , altero homini duos
* habenti,tertio felino.In uipera equitat,ingentem facem ardentem portans , cuius flamma ſuccenditur caſtrũ
uel ciuitas. Omnibus modis ingenioſum reddit hominé:de abſtruſis rebus
uerè reſpondet.Imperat legionibus ui
gintiſex.

Orobas magnus Princeps:procedit equo conformis : hominis autem indutus idolum,de uirtute diuina loquitur: uera dat responsa de præteritis, præsentibus , futuris, de diuinitate & creatione:neminem decipit,nec tentari sinit: confert prælaturas & dignitates, amicorum item & hostium fauorem.Præsidet legionibus uiginti.

Vapula Dux magnus & fortis:conspicitur ut leo alis ad modum gryphi. Reddit hominem subtilem & mirabilé in artibus mechanicis,philosophia, & scientijs quæ in libris continentur. Præfectus est triginta sex legionum.

Cimeries magnus Marchio & fortis:imperans in partibus Africanis: docet perfectè Grammaticam, Logicam & Rhetoricam. Thesauros detegit,& occulta aperit. Facit ut homo cursu celerrimo uideatur transmutari in militem. Equitat in equo nigro & grandi. Legionibus uiginti præest.

Amy Præses magnus: apparet in flama ignea: sed humana assumpta forma,reddit hominem admirabilem in astrologia & omnibus artibus liberalibus.Famulos suppetit optimos:thesauros à spiritibus custoditos ostédit. Præfecturam habet legionum triginta sex,ex ordine partim angelorum,partim potestatű.Sperat se post mille ducentos annos ad Thronum septimum reuersurum,quod credibile non est.

Flauros dux fortis:conspicitur forma leopardi & terribili . In humana specie uultum ostentat horrendum,& oculos flammeos. De præteritis,præsentibus & futuris plenè & uerè respó det. Si fuerit in triangulo,mentitur in cűctis,& fallit in alijs negocijs.Libenter loquitur de diuinitate,mundi creatione & lapsu. Diuina uirtute cogitur, & omnes alij dæmones siue spiritus,ut omnes aduersarios exorcistæ succendant & destruant. Et si uirtute numinis ipsi imperatű fuerit,exorcistæ tentationem non permittit.Legiones uiginti sub sua habet potestate.

Balá Rex magnus & terribilis:prodit tribus capitibus,primo tauri, altero hominis,tertio arietis:cauda adhæc serpentina, oculis flammeis, equitans in urso fortisimo,& accipitrem in manu portans. Raucam edit uocem:perfectè respondet de præteritis,præsentibus & futuris:reddit & hominé inuisibilem & prudentem . Quadraginta legionibus præsidet, & fuit ex ordine dominat.

Alocer Dux magnus & fortis:procedit ut miles in equo uasto insidens:facies eius leonina,rubicűda ualde cum oculis flammeis:grauiter loquitur:hominem reddit admirabilem in astronomia & in omnibus artibus liberalibus:confert bonam familiam. Dominatur triginta sex legionibus.

Zaleos magnus Comes: apparet ut miles pulcherrimus in crocodilo equitans, & ducali ornatus corona, pacificus,&c.

Vual Dux magnus & fortis:conspicitur ut dromedarius magnus ac terribilis:at in humana forma linguam sonat Ægyptiacam grauiter. Hic præ cæteris amorem maximè mulierum conciliat : inde nouit præsentia, præterita & futura:cófert & gratiam amicorum atq; inimicorú.De ordine fuit potestatű.Triginta septé legiones gubernat.

Haagenti magnus Præses:ut taurus uidetur,habens alas gryphi:sed assumpta facie humana, reddit hominé ingeniosum in quibuslibet: cuncta metalla in aurum transmutat, aquam in uinum, & ediuersò. Tot legionibus imperat,quot Zagan.

Phœnix magnus Marchio : apparet uti auis phœnix puerili uoce : sed antequam se sistit coram exorcista,cátus emittit dulcisimos:tűc autem cauen-

dum exorciſtæ cum ſuis ſocijs, ne ſua-
uitati cantus aures accommodét, ſed
ille mox huic iubeat humaná aſſume-
re ſpeciem, tunc mirè loquetur de cun
ctis ſcientijs admirandis. Poeta eſt o-
ptimus & obediés. Sperat ſe poſt mille ducentos annos ad ſeptimũ thrõnũ
rediturum. Viginti præeſt legionibus.

Stolas magnus Princeps: prodit for
ma nyſticoracis: coram exorciſta hominis ſimulachrum ſuſcipit, docetque
abſolutè aſtronomiam. Herbarum &
lapidum pretioſorum uires intelligit.
Viginti ſex legiones huic ſubiacent.

Legio 6666.

Secretum ſecretorum tu operans
ſis ſecretus horum.

Obſerua horas in quibus quatuor
reges, ſcilicet Amoymon rex Orienta-
lis, Gorſon rex Meridionalis, Zymy-
mar rex Septentrionalis, Goap rex &
princeps Occidétalis poſſunt conſtrin
gi, à tertia hora uſq; ad meridiem, à no
na hora uſq; ad ueſperas.

Item Marchiones à nona uſque ad
completorium, uel à completorio uſque ad finem diei.

Item Duces à prima uſq; ad meridiem: & obſeruatur cœlum clarum.

Item Prælati in aliqua hora diei.

Item Milites ab aurora uſq; ad ortũ
ſolis, uel à ueſperis uſq; ad finé ſolis.

Item Prçſes in aliqua hora diei non
poteſt conſtringi, niſi rex cui paret, in-
uocaretur, & nec in crepuſculo noctis.

Item Comites omni hora diei, dũ
ſunt in locis cãpeſtribus uel ſylueſtri-
bus, quò homines non ſolent accedere, &c.

CITATIO PRAEDICTO-
rum ſpirituum.

Vbi quem uolueris ſpiritum, huius
nomen & officium ſuprà cognoſces:
inprimis autem ab omni pollutione,
minimum tres uel quatuor dies mun
dus eſto in prima citatione, ſic & ſpiri-

PSEVDOMONARCHIA

tus poſtea obſequétiores erunt: fac &
circulum, & uoca ſpiritum cum multa
intentione: primùm uerò annulum in
manu cõtineto: inde hanc recitato be
nedictioné tuo nomine & ſocij, ſi prç-
ſtò fuerit, & effectũ tui inſtituti ſortie-
ris, nec detrimétũ à ſpiritibus ſenties:

In nomine Domini noſtri Ieſu Chri
ſti † patris & † filij & † ſpiritus ſancti:
ſancta trinitas & inſeparabilis unitas
te inuoco, ut ſis mihi ſalus & defenſio
& protectio corporis & animç meæ, &
omnium rerum mearũ. Per uirtutem
ſanctç crucis † & per uirtuté paſsionis
tuæ deprecor te domine Ieſu Chriſte,
per merita beatiſsimæ Mariæ uirginis
& matris tuæ atq; omnium ſanctorũ
tuorum, ut mihi concedas gratiam &
poteſtatem diuinam ſuper omnes ma
lignos ſpiritus, ut quoſcunq; nominibus inuocauero, ſtatim ex omni parte
conueniant, & uoluntaté meàm perfe
ctè adimpleát, quòd mihi nihil nocen
tes, neq; timoré inferentes, ſed potius
obedientes & miniſtrantes, tua diſtri-
ctè uirtute præcipiente, mandata mea
perficiant, Amen. Sanctus ſanctus ſanctus dominus Deus Sabaoth, qui uen-
turus es iudicare uiuos & mortuos: tu
qui es alpha & ω, primus & nouiſsi-
mus, Rex regũ & dominus dominantium Ioth Aglanabrath El abiel anathi Enathiel Amazin ſedomel gayes
tolima Elias iſchiros athanatos ymas
heli Meſsias, per hæc tua ſancta nomina & per omnia alia inuoco te & obſe
cro te domine Ieſu Chriſte, per tuam
natiuitatem, per baptiſmũ tuum, per
paſsionem & crucem tuam, per aſcen
ſionem tuam, per aduentum ſpirituſ-
ſancti paracliti, per amaritudiné animæ tuæ, quãdo exiuit de corpore tuo,
per quinq; uulnera tua, per ſanguiné
& aquá, quæ exierant de corpore tuo,
per uirtutem tuam, per ſacramentum
quod dediſti diſcipulis tuis pridie
quàm

quàm paffus fuifti: per fanctam trinitatem, per indiuiduam unitatem, per
beatam Mariam matrem tuam, per an
gelos & archágelos, per prophetas &
patriarchas, & per omnes factos tuos,
& per omnia facramenta quæ fiunt in
honore tuo:adoro te & obfecro te, benedico tibi & rogo, ut acceptes orationes has & coniurationes & uerba
oris mei, quibus uti uoluero. Peto Do [10]
mine Iefu Chrifte, da mihi uirtutem
& poteftatem tuam fuper omnes angelos tuos, qui de cœlo eiecti funt ad
decipiendum genus humanum, ad at
trahendum eos, ad conftringédum, ad
ligandum eos pariter & foluendum:
& ad congregandum eos coram me,
& ad præcipiédum eis ut omnia quæ
poffunt, faciát, & uerba mea uocemq;
meam nullo modo contemnant: fed [20]
mihi & dictis meis obediant, & me timeant, per humanitatem & mifericor
diam & gratiam tuam deprecor & pe
to te adonay amay hortan uegedora
mytay hel furanat yfion yfyefy & per
omnia nomina tua fancta, per omnes
fanctos & fanctas tuas, per angelos &
archangelos, poteftates, dominationes & uirtutes, & per illud nomen per
quod Salomon conftringebat dæmo- [30]
nes, & conclufit ipfos Elhroch eban
her agle goth ioth othie uenoch nabrat, & per omnia facra nomina quæ
fcripta funt in hoc libro, & per uirtutem eorundem, quatenus me potentem facias congregare & conftringe-
re omnes tuos fpiritus de cœlo depul
fos, ut mihi ueraciter de omnib. meis
interrogatis, de quibus quærá, refpon
fionem ueracem tribuant, & omnibus [40]
meis mandatis illi fatisfaciant fine læ
fione corporis & animæ meæ & omnium ad me pertinentium, per Domi
num noftrum Iefum Chriftum filium

tuú, qui tecú uiuit & regnat in unitate
fpirituffancti Deus per omnia fecula.

O pater omnipotens, ô fili fapiens,
ô fpiritus fancte corda hominum il-
luftrans, ô uos tres in perfonis, una
uera deitas in fubftantia:qui Adam &
Euæ in peccatis eorum peperciftis, &
propter eorum peccata mortem fubij
fti tu fili turpifsimam, in lignoq; fan-
ctæ crucis fuftinuifti : ô mifericordif-
fime, quando ad tuam côfugio mife-
ricordiá, & fupplico modis omnibus
quibus poffum, per hæc nomina fancta tua filij, fcilicet alpha & ω, & per o-
mnia alia fua nomina, quatenus concedas mihi uirtutem & poteftatem
tuam, ut ualeam tuos fpiritus qui de
cœlo eiecti funt, ante me citare, & ut i-
pfi mecum loquátur, & mandata mea
perficiát ftatim & fine mora, cum eorum uoluntate, fine omni læfione cor
poris, animæ & bonorum meorú, &c.
Continua ut in libro * Annuli Salomonis continetur.

O fumma & æterna uirtus Altifsi-
mi, qui te difponente his iudicio uoca
tis * uaycheon ftimulamaton ezphares tetragrammaton olyoram irion e-
fytion exiftion eryona onela brafym
noym meffias fother emanuel faba-
oth adonay, te adoro, te inuoco, totius
mentis uiribus meis imploro, quatenus per te præfentes orationes & con
fecrationes & coniurationes confe-
crentur uidelicet, & ubicunq; maligni
fpiritus in uirtute tuorum nominum
funt uocati, & omni parte côueniant,
& uoluntatem mei exorcifatoris diligenter adimpleát, fiat fiat fiat, Amen.

Hęc blafphema & execranda huius
múdi fæx & fentina pœnam in magos
prophanos bene conftitutam, pro
fcelerato mentis aufu iure
meretur.

F I N I S.

TABLE.

www.ingramcontent.com/pod-product-compliance
Lightning Source LLC
LaVergne TN
LVHW040008200726
843493LV00005B/1171